通鉴学

张煦侯 著

推荐序

邓小南

史学巨著《资治通鉴》，结构宏伟，取材丰赡，乃"天地一大文"。司马光纂修之际，研精极虑，抉摘幽隐，左右采获，错综铨次，将历史研究引入史学编纂，开辟了编年体史书的新体例。其贡献，其得失，值得深入体味研究。

张煦侯先生博通文史，其力作《通鉴学》成书于抗日战争期间艰难困顿之中，林居六载，风雨其晦，先生于《通鉴》独有会心。该书自"编年体回溯"入手，对《资治通鉴》的史源、鉴别、宗旨、书法、枝属、后继以及得失等方面进行了全面系统的梳理，全书言简意赅，论述精严，次第分殊，务求其信，堪称研究《资治通鉴》的经典之作。

《通鉴学》一书，开明书店1948年首印，其修订版经安徽教育出版社1982年再版后，迄今已逾三十六载。北京联合出版公司重视学术，倾注心力，计划整理重版张煦侯先生《通鉴学》，此举必将惠及学林。特予强烈推荐。

导读：张煦侯及其《通鉴学》

陈尚君

今年是司马光诞辰一千周年，北京联合出版公司准备重版近人张煦侯先生所著《通鉴学》，嘱我写一段介绍文字。我在从学之初曾认真读过《通鉴学》，对阅读《通鉴》，启迪治学，颇有助益。那前后曾通读《通鉴·唐纪》，以后著《旧五代史新辑会证》，曾仿照司马光《通鉴》先做长编的办法，对五代史料有详尽的排比，对司马光史学更增深刻的服膺。故乐于写点文字纪念司马光，也介绍张煦侯的大著。

一、张煦侯之生平与学术成就

安徽师范大学出版社2018年5月出版杨柏岭编《张煦侯文史论集》，附有三篇张氏生平事略，可据以了解其生平经历。

张煦侯（1895—1968），名震南，以字行，笔名张须，书室名秋怀室、唐风庐。世出桐城，移居淮阴，至煦侯已为第七世。

幼习四书五经，乡里有神童之誉。稍长则科举已废，十五岁入南京中等专业学堂预科，十八岁入江苏法政专科学校。三年卒业，归于淮阴第六师范授法制经济。性不喜之，寻弃而钻研桐城古文。辗转馆于淮阴徐家，为其助理省志征访事，得以遍览群籍。年二十五执教于扬州第八中学，专授国文，历十八年之久。与范耕研、王绳之为友，研读诸子，崇尚朴学。抗战军兴，中学解散，淮阴沦陷，张氏携家避难洪泽湖滩，结草为庐，命曰唐风庐。退居六载，以气节自尚。其间据先前读书笔记，著成《通鉴学》，借表彰温公史学以明志。书自1948年由上海开明书店印行，名重学界，曾多次在中国大陆、香港和台湾重印。

抗战胜利，张氏先后执教于扬州中学、上海震旦大学、徐州江苏学院。1953年起，任教于安徽师范学院，直到1965年退休。1968年逝世，得年七十四岁。

张氏生当清季，经历数度鼎革，长期任教于中学与师范学院，生活地点远离中心城市，与主流文史学圈也殊多隔膜。然学有根柢，兼通文史，于新旧学术尤能细心体会，自成认识。平生勤勉，颇多著述，除《通鉴学》外，已刊有《师范国文述教》、《中等学校适用应用文》（皆商务印书馆，1927）、《国史通略》（中华书局，1930）、《通志总序笺》（商务印书馆，1934）、《王家营志》六卷（1933年铅印本）、《淮阴风土记》（1937年铅印本，台湾曾重印，见尤坚《文史名家张煦侯》），及《秋怀室杂文》（安徽人民出版社，1980）。未刊者尚有《四史读记》《清政十论》

《秦典通论》《秋怀室文编》《尊疑室杂文》，诗词集数种，以及1950—1968年日记十一本（据许琦《张煦侯传略》）。

最近出版的《张煦侯文史论集》，收录张氏学术论文28篇，多撰写于1949年前。较突出者有以下几篇。《研究国学之途径》，1935—1936年发表于《国光杂志》，四万余言，分经学、史学、哲学、文学四编，表达在新学渐占主流背景下国学之价值，颇多通达之见。《郑樵著作考》，为其著《通志总序笺》一节，所列达九类五十七种，堪称大备。《万季野与明史》，1936年刊于《东方杂志》，补订梁任公说之未详，为那时的学界热点。《北音南渐论证》，1947年刊《国文月刊》，以己所居淮阴为基点，以入声在北音中的变化，谈其南渐之痕迹，篇幅不大，意义重要。《〈唐语林〉中的口语成分》，1958年撰，次年刊出，篇幅逾两万，详尽讨论唐代新词的渊源及多音节倾向，重点探讨口语虚词，在那时实属难得。凡此皆可见张氏以旧学积累，涉及当代学术，尤得益于长期任教之积蓄，信笔所至，皆能不同凡响。

二、《通鉴学》之成书与内容

张煦侯就《通鉴学》之成书与写作缘起，在初版自序中有说明，盖以《史记》之作，太史公颇为自负，班固《汉书》，亦谓"穷人理,该万方,纬六经",而温公书成,毫无尊异之心,其言卑谨,且陈"其间抵牾,不敢自保"。张氏认为"以不世出之巨编而执谦若此,是岂不足以深求其故乎"。同时,更有慨于后世史家"或毛举其抵牾",而于温公"用力之勤,网罗之富,抉择之密,叙事之有条不紊",常缺乏必要之认识,因成此通论《通鉴》之著。

张氏自述,早年因循世俗,仅看袁枢《通鉴纪事本末》和朱熹《通鉴纲目》,对温公之学缺乏认识。三十以后,买得《通鉴》本书,积十多年之阅读,方有体会,更认为自己"性刚才拙",与温公助手刘恕性格颇同,世乱蜩螗,避地乡间更类温公之退而著书。据他自述,因避地乡间,不仅无书可查,连《通鉴》本书都没有带出来,手边仅有历年阅读《通鉴》所摘资料和阅读心得之札记。如此困顿之中,大约更便于脱离《通鉴》所涉一千三百六十二年间的各种史事是非,从阔通的立场揭示《通鉴》之史例与价值。

《通鉴学》分七章,总约十一万言。各章要旨,可以根据张氏本人1948年为《图书季刊》所拟介绍来稍做说明。

第一章《编年史之回溯》。述《通鉴》前编年体史书之沿革与分野,以明司马光著书之渊源有自,并非创格。唐刘知几著《史通》,有《二体》一目,分论纪传体与编年体之不同,于编年体溯始于《春秋》。张氏则认为"《竹书纪年》、殷墟卜辞、诸侯史记,则为三代之编年史体。左丘明出,乃集大成"。

《通鉴》主要是承续《左传》而成书。

第二章《〈通鉴〉编集始末》，此章述《通鉴》编纂之缘起，引温公嘉祐间之书信议论，见其早年之认识，述其受诏后所得之支持，三位助手之分工协力，全书陆续奏进至最终之完成。脉络清楚，要言不烦。

第三章《〈通鉴〉之史料及其鉴别》，此章以《通鉴考异》引书为主要依据，"探索司马氏取材之书，得三百零二种"。此一工作，南宋洪迈《容斋随笔》、高似孙《史略》都有论列，张氏当然了解，他的工作较前人有很大推进。相信他曾就全部引书做过周密统计，将其分为正史、编年、别史、杂史、霸史、传记、奏议（附别集）、地理、小说、诸子十类，各书之存佚，间亦有所述及。《考异》所见司马光鉴别史料之方法，张书区别为六类：参取众书而取其长，即同一史事在不同史书中之记录，必求兼备参酌，比较分析后，取记载相对可信者，或稍备之一说，此其一；两存，即一事在两书有歧互，难以做出明确判断时，不妨互存兼采，避免主观武断，此其二；两弃，遇到前述歧互情况，似皆无确定的理由，或各自有显然的传误，故一概不取，此其三；两疑而节取其要，史料有分歧，各自有疑，各有所长，故虽两疑，但仍摘存要点，足见慎重，此其四；存疑，在史事不明时，史家不要强做判断，适度存疑，把握分寸，最见掌控史笔之能力，此其五；兼存或说于《考异》，与前各款又有所不同，许多枝末小事，如时间、地点、人物，《考异》

常以繁复的篇幅给以考证,原因在此,此其六。张氏说,"宋人不以考证鸣,而司马氏在在用考证方法,又不流于猥琐,卓然成一家之言",这种实事求是的治学精神,实已开清代朴学先河。张氏此节,我以往读得最熟,不仅熟背各引书书名,且对各书引录有所索引。"汉学重考据,宋学尚议论",是一般而言,宋学也有考据精密者在,其方法更沾溉于后学,此张氏论温公文献而具之特见。

第四章《〈通鉴〉史学一斑》。此章揭出五端,一曰《春秋》之意,二曰《左传》之法,三曰儒家之宗旨,四曰本朝之背景,五曰著者之特见。

张氏自述"秉《春秋》之意",是指"发挥名分之义"。引章炳麟说,认可温公修史不为"褒贬笔削之说",张氏既表赞同,另据温公《进通鉴表》,谓其"专取关国家盛衰,系生民休戚,善可为法,恶可为戒者",为其删削之四项标准,且贯彻全书。张氏特说明《通鉴》全书自三家分晋始,见王政之衰与七国之立,其后一大段议论,在于"发明天子之职莫大于礼,礼莫大于分,分莫大于名",为全书纲维所在,最不可滑过者。

而《左传》之法,张氏列举时间本位、作者意识本位、人物附载、重要文字附载、政制附载、杂事附载诸项,兼及史事隐相衔接、诸国事平均纂述,看似平常,实非对二书透彻理解而难以臻此。

张氏自述温公守儒家宗旨,指"是非不谬于圣人"。张氏引程颐论温公之纯粹不杂，引《宋史》本传见温公"持身之慎，检己之严"，可称醇儒。复引其史论中对子臣之道、君相之职、立身行己之要的议论，见到温公对"刑赏、仁暴、义利、信诈、名实、才德、奢俭诸端"，"辨之最严，持之最力"。

张氏谓《通鉴》"寓北宋当时之背景，不独案论处而然"。"案论"指司马光引前代史家论断六十多则，又以"臣光曰"之议论有一百十九则，多寄当世之慨，如胡三省曾揭出"智伯才德之论，樊英名实之说，唐太宗君臣之议乐，李德裕、牛僧孺争维州事"，几乎就是他对新法廷争之继续，读者较易明白。张氏更引《续通鉴》所载温公进读迩英时之议论，以明一般史事叙述皆寓时论，可谓善于读史者。

著者特见部分，张氏罗列四项，一曰不别正闰，二曰不信虚诞，三曰不书奇节，四曰不载文人。在此仅说一、四两项。

正闰之说，肇萌于五德、五行之说，汉以后论述至多，因关涉政权继承之合法性，以及历史上多个政权并存时期之谁主谁次，分歧尤多。宋初对此并不重视，如《册府元龟》为诏编之书，南北朝以北为正，以南朝为闰，五代以后唐、后晋、后汉、后周为正，后梁为闰，与宋廷承续有唐与五季之正统有关。在司马光以前，欧阳修斤斤致论于正统之说，认为后梁虽属僭夺，而事实已拥有中原大部，应列为正统。司马光对此立说更属通达而有勇气，即承认曹魏承汉为正统。其说见于黄初二年刘备即位下之"臣光曰"，自称"臣愚诚不足以识前代之正闰"，而认可的原则是"苟不能使九州合为一统,皆有天子之名而无其实者也",反对以仁暴、强弱、居地、承授来区别正闰。他认为如刘备称汉中山靖王后,本已族属疏远,与刘裕称楚元王后、李昪称吴王恪后之类真假难辨一样,不能成为绍续汉唐正统之依据。张氏赞许温公"如斯史识,可谓空前",且全录前述一节议论,认为:"此一篇者,态度坦白,旗帜鲜明,实为有革命意味之重要文字,冬烘先生之所疑,而研究温公史学者之所必读也。"后来朱熹修《通鉴纲目》,严辨正闰,对温公此论期期以为不可,即此所斥"冬烘先生"者。不纠缠正闰,温公可以不带好恶地客观叙述历代史事。

至于不载文人,在温公致范梦得书中,已有说明。张书承历代之说,赞同《通鉴》以致治为撰述宗旨,故于"动人欣赏之美术文字,未尝附见","苟可以反映一时之民众心理",如汉之《长安谣》,后秦之赵整作歌,天宝间为杨贵妃歌,亦有所披载。张氏对此有所理解,然书末仍感慨其"文化史料之太略",终不免文人论史家之本色立场。

第五章《〈通鉴〉之书法》。历代修史,皆秉《春秋》褒贬及太史公实录之说,寓作者对史事与人物之态度。张氏认为《通鉴》自有其特定书法,是不能为《春秋》及史公所笼罩。前人论此者,温公孙伋著《通鉴释例》揭为三十六例,刘恕子羲仲也有论列,但多不为胡三省所采信。张氏所述,参酌前人而有所变通,就年、人、事三端展开分析。

年是指时间，编年体史书的基本特征是以时间为序。司马光要考明一千三百六十二年史事，所见文献各个时期有很大不同，如唐代以实录为基础，叙事可以详尽到每年的具体月、日，他朝未必能及此。编年的基础则是务明历代所用之历法，以明朔闰。司马光有幸得到已故律历学者刘羲叟之《长历》，存汉元帝到五代末之年历，以之为工作依凭，并节存于《通鉴目录》。张氏归纳温公的编年之法，一为隔年首事与终言之，二为岁阳岁阴纪年，三曰不同时期书岁不同，四曰天文现象不备书，五曰凡年号皆以后来者为定。

与人相关者，张氏也归纳为五条。其一，帝王曾混一海内者，与其子孙皆用天子法；一时代各政权实力相敌，本非君臣，用列国法。其二，国名人名有同者，增文以示区别。其三，书人必以名，即犯宋讳亦不改；以字行者书其字；胡人后改汉姓者，从其后姓。张氏举例说如崔胤、马殷，皆直书，惟"臣光曰"称崔胤为崔昌遐，对天子言不得犯讳故。其四则人之初见者多冠其邑里，或插注世系；将卒者有谥必书，弥补了编年体不以人为本位的不足。其五为书人虽无褒贬，但有变文见意者。

叙事方法也有五条，即叙事或先提其纲，后述其详；长篇叙事，多先溯由来，次及本事；书一事而他事连类而及；书一事而同时谋议莫不备载；一事初见者，述谨始之意。此章所述，看似多为细节，然旧史所讲义例谨严，多从细节考量。张氏梳理揭示，足见读史之细心得要。

第六章《〈通鉴〉之枝属与后继》，张氏述此章"所举书三十余种，各评其得失"。自述甚简，而所占篇幅甚多，盖欲建立一门学术，自当明晰其相关著作及后世影响。

此章以温公在《通鉴》同时完成之著作为"枝属"，后世接续之著作为"后继"。

温公修《通鉴》前，已有《通志》八卷奏进。修《通鉴》期间，同时完成而为世所习知者，有《通鉴考异》《通鉴目录》二书。张氏网罗文献，知存者有《稽古录》二十卷、《涑水记闻》十六卷，虽逸原编而存于《稽古录》者则有《历年图》及《百官公卿表》二书，以及《通鉴释例》，虽编在温公曾孙伋，然多存温公著书时旧说，为存者七种。亡者则有《通鉴举要历》八十卷及《通鉴节文》六十卷，亦援据文献明其内容及佚失原委。

后继部分之论列，用力尤深，细分为踵纂、注释、订补、论断四目。如踵纂，又包含协助温公著书者刘恕先于《通鉴》完成之二书，宋人胡安国、龚颐正、蔡幼学接续温公相关书之著作，李焘、李心传、刘时举据《通鉴》体例述本朝史诸书，金履祥补《通鉴》前史之著，以及明清诸家循例撰宋以后各代编年之著；至袁枢改编《通鉴》，以事为中心作《通鉴纪事本末》，朱熹责温公不讲正统、不明褒贬，删节其书为《通鉴纲目》，二书又各有所枝衍。注释一派，宋有多家，仅存史炤《释文》，张氏斥为"浅陋粗疏"，而独重胡注，此自是明清以来通论，张氏于胡注得失各有叙述，态度也较客观。订补一派，张氏特别推重的，一为刘恕子羲仲著《通鉴问疑》，赞其能读父书，虽未及见温公，而与参修学士范祖禹讨论独多，范之解答，也颇得其要；二为严衍《资治通鉴补》二百九十四卷，赞为"胡身之以后所仅见也"。论断一派，指借《通鉴》以讨论兴亡、褒贬人物者，代有其书，张氏对此仅述李焘、张溥、王夫之数家，点到为止，因此派与温公学术关系最远，不必深究。

第七章《〈通鉴〉之得失与编年史之改造》。张氏谓其论《通鉴》之得有三，"合纪、传、表、志为一编，合独断、考索为一手，合史学、文学为一家"；失亦有三，"系年方式之过整，文化史料之太略，作者感情之或偏"。书末更提出改造编年史之建议十九则，可见其研究旧史学、建设新史学之用意。

以上略述《通鉴学》之全书宗旨与各章大义。张氏自云以四、五两章最为重要，我于三、六两章亦深致意焉，故分述如上。

三、《通鉴学》的学术地位

张煦侯先生成长与为学的时代，旧学未断，新学竞萌，新旧交战，也互为参取，各成气象。张氏幼习经子，学出塾师，虽进新学堂，仍眷情文史，自拓疆域。著述皆存旧学根基，参新学因子，足成一家言。《通鉴学》之内容既如前述，其成就前人讲之已多，局限亦显而易见。

《通鉴学》初版出版至今已七十一年，张煦侯逝世已逾五十年。1957年此书计划再版时，作者曾稍有删改，并撰《再版自序》，表达他对时代改变后认识的相对变化。但也可从中读出，所做删改极其细微。

七十多年间，海内外出版研究司马光与《资治通鉴》的著作，我所见者即有几十种之多。其中最重要的，一是点校本《资治通鉴》的出版，张氏应该见过，但没有留下意见；二是日本发现别本司马光文集，保存大量司马光经筵讲史的记录；三是就司马光生平、《通鉴》之成书过程、三位助手及其史学的研究，以及后世帝王、宰相、学人阅读评点《通鉴》著作之出版，乃至《通鉴》与宋元讲史话本之关联，都有很好的论列。香港黎启文曾编《通鉴胡注引佚书考》（自印本，将《考异》视同胡注），将《通鉴》引书做了逐条梳理。《通鉴》史学思想与成就之研究，成绩更多，新见迭出。七十年前的《通鉴学》，确实有些"过时"了。

然而若放在历史过程中来看，则该书是奠定"通鉴学"的开辟著作，《通鉴》一书的大端问题，该书都提出来了。同时，该书存旧经史学之精神，有新学术的理念，对编年体源流之梳理，对《通鉴》创新与史法的揭示，对司马光在经世致用思想主导下纂著《通鉴》，存史事，析名分，重纲纪，弃褒贬而明史法，叙人事而忽天变，倡一统而轻正闰，究真相而详考证，都有绵密之分疏与论列。其立场既不同于宋元理学之迂执，又不似今日学者那般以后世概念套古人作为，能在传统礼法与道德的立场上，在传统史书与文学书写的技法上，揭示《通鉴》的特见与司马光的学术勇气。就此数端言，此书自有其不可替代的学术价值和地位。

出版说明

张煦侯先生所著《通鉴学》一书，初于1948年由上海开明书店出版发行（作者署名"张须"），此后台湾、香港曾多次据以重印。1957年，作者计划再版，修改了部分内容，并撰写《再版自序》，然此事未行。1982年，安徽教育出版社根据作者修订稿再版。

北京联合出版公司此次重版，即以1982年版为底本，并对全书又进行了一些整理改订，包括：

一、本书每章之下原无分级标题，且部分段落过长，或有至两千余字而不分段者。今依文意添加标题、划分段落，力图使其眉目清晰、层次分明。

二、查核原典，为书中误失添加编者注。

三、改正错别字、异体字、笔误、病句及标点不当处，使之符合现代出版规范。（此类径改，不出注）

又本书引文，不知所据版本，且旧时学者引书多有省改，故与当下通行之本颇有异同。除明显错讹外，我们多仍其旧，不做改动，俾读者识之。

目　录

01 / 推荐序（邓小南）
03 / 导读：张煦侯及其《通鉴学》（陈尚君）
17 / 出版说明

001 / 再版自序
019 / 自　序

第一章
023 / **编年史之回溯**
024 / 一、编年史之初貌
032 / 二、《春秋》之于史学
035 / 三、《左传》之于史学

第二章
043 / **《通鉴》编集始末**

045 / 一、温公著书始末
052 / 二、助修之人物
058 / 三、编集之程法
063 / 四、书成之后事

第三章
065 / **《通鉴》之史料及其鉴别**

065 / 一、《通鉴》之史料来源
067 / （一）正史
071 / （二）编年
077 / （三）别史
081 / （四）杂史
088 / （五）霸史
090 / （六）传记（碑碣附）
093 / （七）奏议（别集附）
096 / （八）地理
097 / （九）小说
099 / （十）诸子
102 / 二、《通鉴》之史料鉴别

第四章
111 / **《通鉴》史学一斑**

115 / 　一、《春秋》之意

120 / 　二、《左传》之法

127 / 　三、儒家之宗旨

130 / 　四、本朝之背景

134 / 　五、著者之特见

第五章
147 / **《通鉴》之书法**

151 / 　一、关于年者

155 / 　二、关于人者

159 / 　三、关于事者

第六章
167 / **《通鉴》之枝属与后继**

168 / 　一、《通鉴》之枝属

177 / 　二、《通鉴》之后继

178 / 　（一）踵纂派

206 / 　（二）注释派

210 / 　（三）订补派

213 / 　（四）论断派

第七章
215 / **《通鉴》之得失与编年史之改造**

218 / 一、《通鉴》之得

223 / 二、《通鉴》之失

228 / 三、编年史之改造

239 / 张煦侯《通鉴学》重版附言（辛德勇）

再版自序

一

《通鉴学》是我在抗日战争期间，避难于淮北苏皖边区洪泽湖东岸，距敌人前哨不过十二华里的一个村子里，就行箧中仅有的材料，在避兵和把笔两种极难统一的矛盾情况下写出来的，对《资治通鉴》尝试性地做了较全面的探讨和分析，1948年由开明书店出版。由于时代的限制，当时的认识只能到此为止。

现在《通鉴学》要再版，时隔多年，对《资治通鉴》及其作者的看法，就不可能停留在旧有的水平上，这次我做了重点的修订。而对《资治通鉴》及司马光的生平，凡初版未摭入的有关资料，只好增补在这《再版自序》中了。

二

司马光一生的事迹，具载《宋史》第三百三十六卷本传中。根据传中资料推算，其生年应为1019年，即宋真宗天禧三年；其卒年则为1086年，即宋哲宗元祐元年。他生在真宗时，中进士甲科在仁宗时，知谏院，为谏官也在仁宗时。仁宗的最后一年（嘉祐八年），司马光四十五岁，他还在做谏官，所进言于仁宗的，只是早建储嗣一件事，这和北宋王朝的根本国策并没有多大关系，可是"好读书，服御俭素如儒者"的英宗赵曙因此得立，因而对司马光的著作生涯起了决定性作用。而司马光的著作生涯和政治生涯的乘除消长，也就要从英宗朝说起。

英宗是重视司马光的道德和学问的，在1065年，即治平二年，司马光由谏官改任龙图阁直学士兼侍讲，这正说明英宗要把他置之左右。到明年，即治平三年，司马光四十八岁，就在这年四月受了新知遇，叫他编集《历代君臣事迹》。司马光奏道："顷臣曾以战国时八卷上进，幸蒙赐览。今所奉诏旨，未审令臣续成此书，或别有编集？"英宗批答的话是"接所进八卷编集"。司马光少好左氏，他发愿写这部大书，在仁宗嘉祐年间就和他的得意门生，也就是在皇祐初年以经义考列冠军的刘恕率直地谈过这件心事。奉敕编集，在司马光不能不说是交了好运，我们绝不能以他后来政治生涯的不得意，来否定这件事的确为得意。

英宗死在治平四年正月，接帝位的神宗赵顼又是一个聪明的读书种子，就在这年三月提升司马光为翰林学士，到十月，就将这部《历代君臣事迹》赐名叫《资治通鉴》。这年还是十九年著书的开始，神宗就为他撰好序文，并于十月初九日，第一次在迩英阁进读的时候当面赐给他，令他"候书成后写入"；而"闻卿进读，终日忘倦"的话，也分明载在毕氏《续资治通鉴》的熙宁元年（1068）卷中。偏巧就在这一年的四月初四日，神宗诏翰林学士王安石越次入对，王安石一席话打中了求治心切的少年君主的心坎，到1069年，即熙宁二年，神宗就让王安石做了副相（参知政事）。这时候，神宗所以重用王安石，从《续资治通鉴》熙宁二年神宗对唐介和对王安石的谈话中，可以知道是由于王安石有文学、经术而兼通"世务"，这和优礼司马光的动机，大体是相同的，所差只在"世务"这一点。所以在1070年，也就是熙宁三年，王安石一度求去的时候，还要司马光做枢密副使。但司马光的态度很坚决，他始终强调祖宗法度不可改变，新法只能生事扰民，是一个非常顽固的保守主义者。结果，司马光六上札子，固辞不拜，神宗只有听他不做翰林学士，而让他到现在的西安做永兴军安抚使去。这一去，就和宋神宗邈若山河，但他还有对新法提出不同意见的奏章。到1071年，也就是熙宁四年四月，司马光索性向神宗请准，卸去地方长官的职守，改判西京留司御史台。这本是无事可做的冗官。从此，他对"世务"不发言了。到元丰五年（1082）九月，司马光又受敕提举西京嵩山崇福宫，这更是"坐享俸给，全无所掌"（《乞西京留台状》中语）的冗官，道地的冗官。

这样，入洛以后的司马光，论政治生涯似乎是很不得意了，可是论著作生涯，司马光正是事称其心，用当其才。一个曾做"迂书"，自称"迂叟"，和邵雍、吕诲、范镇等人做朋友，永远不相信"道"为"变"的人，你叫他秉钧当国，在政治舞台上能做些什么事？相反，司马光居洛十五年，不但经营小筑，做"独乐园"的主人，还追陪前辈，做"耆英会"的伙伴，到他六十六岁，也就是元丰七年（1084），一部空前大书《资治通鉴》写出来了。我们绝不能说宋神宗对司马光用之未尽。看下面的记载，宋神宗正是司马光的知己，他始终爱重司马光：

> 其即位之初也，独以颖邸旧书赐司马光。逮光不愿拜枢臣之命而归洛阳，修《资治通鉴》，随其所进，命经筵读之，其读将尽而所进未至，即诏趣之。熙宁中，初尚淄石砚，乃躬择其尤者赐光。其书成，赐带，乃如辅臣品数赐之。尝因蒲宗孟论人才，乃及光曰："未论别，只辞枢密一节，自朕即位来，惟见此一人。"①

> 元丰末，司马文正公《资治通鉴》成，进御。丞相王珪、蔡确见上，问何如。上曰："当略降出，不可久留。"又咨

---

① 邵博《河南邵氏闻见后录》卷二十四。

叹曰："贤于荀悦《汉纪》远矣！"罢朝，中使以其书至政事，每叶缝合以睿思殿宝章。睿思殿，上禁中观书之地也。舍人王震等在省中，从丞相来观，丞相笑曰："君无近禁脔。"以言上所爱重者。①

看神宗在《通鉴》进御之后，特迁司马光为资政殿学士，有人说神宗确有复用之意，不为无因。这是元丰七年十二月的事。

到元丰八年三月，神宗死了，十岁的哲宗赵煦在祖母高太后听政期间，做名义上的皇帝，司马光就在这年五月被起用为门下侍郎。到明年，即元祐元年，司马光又被任为尚书左仆射兼门下侍郎。一时新党纷纷贬窜，旧党纷纷进用，保守派大获全胜。司马光就在此期间，以六十八岁高年做了八个月的首相，好比绚烂的夕阳，所设施的至多仅能让那些被打击的旧党官僚吐一吐气，老实说，于宋朝的国计民生是很少贡献的。幸而司马光死在高太后未死的时候，获得身名俱泰的哀荣。如果迟死八年，亲政后的哲宗改元"绍圣"，换来了章惇、蔡卞一班人，他们恨司马光，甚至要发冢、斫棺、暴尸而后快。这时候，作为党魁的司马光，其晚景就很难说了。

所以，司马光晚年出山，在他，诚然是"尊其所闻，行其所知"，但其实是大可不必的，也是于事无补的。然而，宋朝

---

① 同上书，卷二十一。

士大夫都十分钦佩司马光的为人，就到党祸大兴的时候，总还有人为司马光说好话。别的不谈，《资治通鉴》的不曾毁板，就深赖太学博士陈瓘的一言。周煇叙述这件事很详细：

> 了斋陈莹中为太学博士，薛昂、林自之徒为正录，皆蔡卞之党也，兢尊王荆公而排挤元祐，禁士人不得习元祐学术。卞方议毁《资治通鉴》板，陈闻之，因策士题，特引序文，以明神宗有训。于是林自骇异，谓陈曰："此岂神宗亲制耶？"陈曰："谁言其非也？"自又曰："亦神宗少年之文耳。"陈曰："圣人之学，得于天性，有始有卒，岂有少长之异乎？"自辞屈愧叹，遽以告卞。卞乃密令学中敞高阁，不复敢议毁矣。①

这段故事，足以说明司马光得人拥护，也足以说明《资治通鉴》深得神宗的助力。神宗这篇"御制序"，据叶梦得说是王珪代作的（见本书第二章），这个姑且不论。但这序作得实在好。从消极方面说，它并没有一句空话；从积极方面说，它发挥《资治通鉴》的内容非常深透，足以证明司马光这书，主要是为帝王而作的。宋神宗爱重其书，并非空言。一直到司马光死后，这篇序还有庇佑他的力量。

---

① 《清波杂志》。

三

司马光不独一手写成《资治通鉴》，又写成和《资治通鉴》有关的几种辅助读物。他在著作过程中的笃实和精勤，永远是学人的模范。

《资治通鉴》是个人独修的呢？还是集体合作的呢？换句话说，它是成于一手还是成于众手？这个问题不能看得太简单。它实在是先以在个人指导下的集体合作做成粗的坯子，再以个人独修来完成精的成品。因此，司马光是全书的负责人，书的美恶和由美恶得来的毁誉，皆应由司马光一人承受。助修诸人的任务只在"采撼异闻，勒成长编"。司马光曾有一封书给范祖禹，谈助修者应先写"事目"，继修"长编"的工作程序，也颇谈一点采撼标准，是研究《通鉴》成书始末的有益资料。初版《通鉴学》在第二章中只节钞数语，不曾全录。现在补录在下面，以明司马光对这部大书的奠基工程是极其周致、极其坚实，也是极有创造性的。全书如下：

与范内翰祖禹论修书帖

梦得今来所作丛目，方是将实录事目标出，其实录中应移在前后者，必已注于逐事下讫。（原注一）自《旧唐书》以下未曾附注，如何遽可作长编也？请且将《新》《旧唐书》纪、志、传及《统纪》《补录》并诸家传记小说，以及诸人文集稍干时事者，皆须依年月注所出篇卷于逐事之下，实录所无者，亦须依年月日添附。无日者附于其月之下，称"是月"，无月者附于其年之下，称"是岁"，无年者附于其事之首尾。（原注二）有无事可附者，则约其时之早晚，附于一年之下。（原注三）但稍与其事相涉者，即注之过多不害。（原注四）尝见道原云："只此已是千余卷书，日看一两卷，亦须二三年功夫也。"俟如此附注俱毕，然后请从高祖初起兵修长编，至哀帝禅位而止。其起兵以前、禅位以后事，于今来所看书中见者，亦请令书吏别用草纸录出，每一事中间空一行许素纸，以备剪开粘缀故也。隋以前者与贡父，梁以后者与道原，令各修入长编中。盖缘二君更不看此书，若足下止修武德以后、天祐以前，则此等事尽成遗弃也。二君所看书中有唐事，亦当纳足下处修入长编耳。其修长编时，请据事目下所记，《新》《旧》纪、志、传及杂史、小说、文集，尽检出一阅。其中事同文异者，则请择一明白详备者录之。彼此互有详略，则请左右采获，错综铨次，自用文辞修正之，一如《左传》叙事之体也。此并作大字写出。若彼此年月事迹有相违戾不同者，则请选择一证据分明、情理近于得实者，修入正文，余者注于其下，仍为叙述所以取此舍彼之意。（原注五）凡年号皆以后来者为定。假如武德元年，则从正月便为唐高祖武德元年，更不称隋义宁二年；玄宗先天元年正月，便不称景云三年；梁开平元年正月，便不称唐天祐四年也。诗赋等如止为文章，诏诰等若止为除官，及妖异止于怪诞，诙谐止于取笑之类，便请直删不妨。或诗赋有所讥讽，诏诰有所戒谕，妖异有所儆戒，诙谐有所补益，（此四者皆有原注）并告存之。大抵长编宁失于繁，毋失于略，千万。切祷切祷。今寄道原所修广本两卷去，恐要见式样故也。

以上仅仅是写给范祖禹的一封信。文中原有自注数处，今从省不抄。此外，对刘攽、刘恕，当然也有统一的指挥。照信中所云，做司马光的助手也颇不易，书要看得多，又要注得细，对占有材料也要有初步的抉择力，还要有"错综铨次"的组织力。无怪乎胡三省序文说他们"皆天下选也"了。

至于司马光自己所以应推为全书的负责人，其故由于全书的规划完全是司马光的规划。他不但规划本书，还独创地撰写出三部书，做《资治通鉴》的卫星。我们可以推论这三颗"卫星"对通鉴有若何的拱卫作用：

第一部书是《通鉴考异》，胡氏所谓"参订群书之异同，俾归于一"的。司马光没有开出参考书目，高似孙《纬略》仅说除正史外凡二百二十二家，但并没有一一举出书名。赖有《通鉴考异》，得以知道一些梗概。司马光这样做，至少有两种好处：第一是所引史外异说，凿凿有据，足以增加可信的程度；第二是《通鉴考异》中的"存疑"和"兼存或说"，能予后人以续加推究的资料。后一种更有价值。心地不光明而著书好武断的人是未必肯这样做的。胡三省注文纠正《通鉴》错误，不一而足。有就《考异》所云加以辨正的，有某事本无考异而胡氏找出来历加以驳难的，现在避繁不备引。

第二部书是《通鉴目录》，胡氏在序文中尤加推重。他说："《目录》三十卷，年经国纬，不特使诸国事杂然并录者粲然有别已也，前代历法之更造，天文之失行，实著于《目录》上方，是岂可以凡书目录观耶？"胡序所云，包括两种意思：一是《目录》有年表作用，二是《目录》有正历作用。至于《目录》中的正文，就是简明的"事纲"。司马光在《目录·自序》中说："叙事之体，太简则首尾不可得而详，太烦则义理汩没而难知。今撮新书精要之语散于其间，以为《目录》。"这几句话，可以说明"事纲"的用意，等于替读者做提要。他不但每事有提要，并且"多采君臣善言"[①]，这又扩大了年表的内容了。

第三部书是《通鉴举要历》。这部书胡序不曾说到，朱熹在《通鉴纲目·自序》上说："温公《通鉴》既成，又撮其精要之语，别为《目录》三十卷，晚病本书太详，《目录》太简，更著《举要历》八十卷，以适厥中。"这部书久已失传，但我们可以知道，这是比《目录》稍详的《通鉴》节本。《通

[①] 钱大昕语，见《十驾斋养新录》卷十八。

鉴》成于元丰七年，在元丰四年时，司马光已经得了语涩疾，力疾成书后，其次年就做了门下侍郎，以后又做宰相八个月而死。就在这几年中间，他居然又写出这部《举要历》来，无疑是为责任感所驱使的。这书宋人俞成在所著《萤窗丛说》中曾说到，可见并不是未成的书。元朝王若虚也曾见过这个自节的本子，详见所著《滹南遗老集·诸史辨惑》。

总之，看到上面三颗"卫星"，我们不能不推服司马光的功力卓绝，而范祖禹代撰的进书表文中所谓"研精极虑，穷竭所有，日力不足，继之以夜，编阅旧史，旁采小说，简牍盈积，浩如烟海，抉摘幽隐，校计毫厘"，以及"臣之精力，尽于此书"，是司马光的工作写实，而绝非奏牍上虚滥的盈辞。

四

至于司马光这部书有缺点，这也是肯定的。但是就这个编年巨著的重要性来说，《通鉴》的优点大于缺点。

何以说司马光的书有缺点？司马光是封建地主阶级的知识分子，浸润儒家思想至深，这思想是偏于保守的。在他的全集里有一篇《铁界方铭》，铭辞是："质重精刚，端平直方。进退无私，法度攸资。燥湿不渝，寒暑不殊。立身行道，是则是效。"[①]这并不是赞的铁界方，实在是自赞。他的为人就是一个

---

① 《文集》卷六十八。

铁界方。以一个又板又硬的铁界方的态度写《通鉴》，毫无疑问，是要受着"史以翼经"的传统思想的支配而行事的。试看《通鉴》的第一篇"臣光曰"，就是十足的维护礼教，强调天秩天叙不可逾越的名分论。而全书主要内容，即以神宗赐序所列举者而言，也不外乎"明君良臣切摩治道，议论之精语，德刑之善制，天人相与之际，休咎庶征之原，威福盛衰之本，规模利害之效，良将之方略，循吏之条教，断之以邪正，要之于治忽，辞令渊厚之体，箴谏深切之义"诸大端，这些都是为君主打算盘，讲道理，阶级立场是显然的。至于和君主有绝大依存关系的阀阅之家，以唐为例，如郭子仪、柳仲郢、李景让等人，《通鉴》不独书其政绩，也叙述他们的家风和母教，占了一定的篇幅。这些正是司马光从心灵深处自然流露出的阶级感情，所以不觉津津乐道。甚至萧至忠谄附太平公主，《通鉴》也特载他的妹夫蒋钦绪为他叹息的话："九代卿族，一举灭之，可哀也哉！"究之这些话与"资治"何关，也无非是写给封建贵族看看，垂为鉴戒而已。在当时，司马光诚然也不可能在思想上没有这些特征，但在今天，志在做工人阶级知识分子的青年们读到这些地方，就觉得司马光为封建君主及其伙计们的计划太周，反映人民的愿望太少，不够做一个卓越有特见的进步史家。因此，我们应该肯定《通鉴》有很大的缺点。

不过我们还可以这样说，《通鉴》尽管有缺点，但并不影响这部书的巨大价值。我们不能用反历史主义的观点去要求古人。这部书,到底还是一部非常有用的史部要籍,对帮助我们今天了解当时政治、社会的实际情况是有用的。汉朝只有一个司马迁,做通古今为一的纪传体的创始人;宋朝也只有一个司马光,做通古今为一的编年体的创始人。纪传以人为纲,一事起讫,分见于不同的纪传中,在未有《通鉴》之前,辗转翻查,多么费事?设有异同,从何折中?正史如树,野史如林,要想逐一取来比较,逐一讨究他们的得失,试问哪一家的书橱能有那样的繁富而充实?司马光既有抱负,又有能力;既有能力,又有凭借;既有凭借,又有闲工夫。这四个成书的条件,实在比司马迁更优越。所以《通鉴》取材宏富,事实详核,读者既容易看出一件事经历时间的远近前后,又能了然现场全貌,包括周遭情势,彼我得失,以及不同人物对这件事的不同议论。就这些特点说,《通鉴》实在比正史更有用。正史所存史料,当然还有很多,但关系治乱兴衰的史事,可算已被司马光搜采殆尽了。清末目录学家缪荃孙为张之洞写《輶轩语》告诫四川士子,也说:"史学须渐次为之,亦须穷年累月,若欲通知历朝大势,莫如《资治通鉴》及《续通鉴》。"这"历朝大势"正是历史的骨干,是读史者首先要知道的东西。所以去年古籍刊行社特请专家标点《资治通鉴》,以利后学。附入的除了胡三省注而外,又将长洲章钰氏的《胡刻通鉴正文校宋记》择要附注在正文之下。这样,把极详审的注释、极精细的校勘,合在一部书里,向好学的青年们推荐,的确是旧时代不曾有过的事,也是一件切合当前需要的事。因此,缺点虽是缺点,但它里面的史事,都是通过考异的过程才写下来的,虽或有所偏重,可是对材料本身绝无歪曲;至于所附论断,我们不必深究,我们可以把全书正文看作是司马光提出了一千多年积压下来的大小案件让人们再行审核。是非究竟如何?每一个读者都有推究和判断的自由。

我常这样想,古来以修史为终身事业,又能确有贡献的人,汉朝只有一个司马迁,宋朝也只有一个司马光,其余大都是有志未逮或是偶一为之。司马光虽竭全力修成亘古未有的《资治通鉴》,但他还是孜孜不息,继续写成《通鉴目录》《通鉴考异》《通鉴举要历》这三种书,辅助读者更深刻地理解《通鉴》。这些话上面已谈过了。至于周威烈二十三年以前,周世宗显德六年以后,不在《资治通鉴》范围内的事,在一部大书既经脱手的人,似乎很可以置之不顾。但是,司马光一息尚存,他还是不肯住手的。试看《历年图》七卷始于共和,就知道司马光的眼光已注意到威烈戊寅以前;再看他又有《百官公卿表》十卷叙列宋朝官制,就知道司马光也留心于当代史事的整理。果然,到元祐元年,他又奏上最终的一部书《稽古录》二十卷,上起伏羲,下迄英宗治平四年。还不止此,他身后遗书中还有和长编同其性质的《涑水记闻》十六卷,自太祖至神宗,存留史事共四百二十七条。像这样的忠于所学,死而后已,古今怕难找到第二个人吧!就这些好的品质说,司马光应该称得起历史工作者中的模范人物。

以上就是我在本书问世后十年间,经过再认识的过程所得来的一点有关《资治通鉴》及其作者司马光的主观评价。

五

至于《通鉴学》这本肤浅小书,由于我在目前业务上挤不出多少时间,无法进行整个的修改,只能改动一些必须改动的字句。在这篇《自序》中,也曾说到一些基本问题,照主观的愿望,总想借此让有志读史的青年们进一步阅读《资治通鉴》本书,即以《通鉴目录》权充复习时的辅助读物。这样,就能很全面地看到处于先进地位的汉民族,过去是怎样在一定的经济基础上组成国家,建立制度,产生文化,又怎样地抵御外族侵略和吸收外来文化,又怎样地由国境的开廓和统一,带来了各民族的融合和国势的昌盛,推动历史向前迈进。至于封建文化的主导思想及其所起的阻碍作用,以及每一王朝的农民为了不堪苛暴的压迫和剥削而引起的斗争,《资治通鉴》也揭露了一定的客观事实。青年有了一定的马列主义修养,再在教师的不断指导之下,《资治通鉴》是可以读、可以理解的。司马光的著书动机,正是有见于正史太繁,"诸生历年莫能竟其篇第,毕世不暇举其大略,厌烦趋易,行将泯绝"[1],所以才把

---

[1] 刘恕《通鉴外纪·自序》。

一千五百卷的正史,删成二百九十四卷的《通鉴》,虽然主旨在献给皇帝看,但他的目光也注视到"诸生"。它叙事很像《左传》,有追溯,有议论,有描绘,有照应,有结局,又有胡三省的音注逐为指点,只有引人入胜,不会使人感到乏味的。大学生如果读过一些古典作品,或者读过《左传》《国策》诸书并且有了爱好,那就更可保证他一定能对《资治通鉴》进行独立研究。

《通鉴学》还有一些没有一一改正的错误字句:就称谓说,例如以"温公"称司马光,以"荆公"称王安石,以"曾文正公"称曾国藩,以"张文襄公"称张之洞,都沿袭着封建社会以爵或谥代称的表示法;就评论说,司马光的著书旨趣和政治见解,我虽颇有非难,有时也不免假借,也有虽加批判,而不甚露骨,使人看不出批判来;就称许说,对《通鉴》优点不皆集中指出,褒美之语往往散见不同的篇幅中,使人累次碰到,生随便捧场的感觉;就文章说,似乎也有力求朗畅的用心,可是摇摆的笔调,冗长的叙述,也往往在行文中看到。所有这些,这一次均未能加以修改,现在总写在这儿,敬求读者予以谅察!

在修改期中,曾就商于赵寿人(曾俦)、王巨川(铨济)两位先生,他们所提的意见,都已照改。现在写在这儿,以志谢忱!

我希望这本书能得到广大青年中爱好史部书籍者的阅览和

批评,并能起相当的介绍作用;也希望能得到史学前辈和史学工作者以他们湛深的素养和崭新的见地,指出这本书的错误和缺点。

一九五七年十一月十八日,著者
自识于芜湖赭山脚下的寓楼

自　序

《资治通鉴》博大精深，嗣左氏而超荀、袁，其足为史家专门之学，无异辞矣。乃吾观温公表上是书，其言抑何俨恪祗畏，而无一毫稍自尊异之心也。《史记》之作也，太史公以为孔子卒后五百岁乃有是书，又欲藏之名山，传之其人，通邑大都。《通鉴》无之，则谦于《史记》也。《汉书》之成也，班掾自赞其书，有"穷人理，该万方，纬六经，缀道纲"之语，彼虽约指十《志》之所包，自负颇亦不浅。《通鉴》无之，则谦于《汉书》也。乃至欧公《五代史》，其言亦复沾沾自喜，既已自拟《春秋》矣，又使门人作注以寄其笔削之传；为例远谢乎《史》《汉》，而抗心乃过乎马、班。反观温公所以自道，不过曰"臣之精力，尽于此书"而已；又惧好之者忽而不察也，则又坦然以自陈曰"其间抵牾，不敢自保"。其言卑谨，若将辟门以待后贤之纠其阙者，是非惟欧公无是言，盖班亦无是言，马亦无是言也。夫以不世出之巨编而执谦若此，是岂不足以深求其故乎!

曰：诸家之自尊异，是皆文人浮夸之余习，欲以自张其军，而不顾议者之在后者也。文人侈于心，赡于辞，果于掇拾，而疏于考订。马、班、欧阳，虽自不可一概而相量，要其假史文以肆其挥写也则同；特不似范《书》自序，直自鸣其矜赏之实而已。今夫旷百世而得一文豪，乃韫其匮而善其刀，不获一试其才于可为之地，涂之人固知其不可也。既才与事能相值矣，乃曰：吾之为此，有所托也，将以通吾郁结而舒吾情也。一人倡之，其言中于无数才士之心，则谁不欲操刀以试其利钝乎！于是有托为本，而纪事为末，高者尚严部伍，下者徒工文辞。其于事也，亦但以多闻广载为功，疏略抵牾，不如其旧。传曰：昧旦丕显，后世犹怠。今乃作法于夸而过自旌异，文士习之，其心亦但知作史之可以骋吾夸耳。而求其传信，不亦难乎？

若司马温公者，其著书为良史之书，其用心尤非君子不能有也。何则？良史通而能密，君子之心，敬而多畏。史迁手创宏纲，可谓通矣；而书事或疏，若用吾言，才得良史之半。其汲汲自见于文辞者，票姚之气，又足以胜其敬畏之心。史才不世出，而史德日益衰，后之作者，益不肯用其功力于求真传信之途，宜也。于此而有温公其人焉，见夫史籍猥多，惧士或厌烦而不观也，则矍然自奋于编年。其为通也，匪独自创义例，成一家言已也，即一事之书，一言之援引，而作者之闳识孤怀必寓焉。其为密也，又能于异闻丛互之中，汰其不可信者，而存其可信者以成定本。夫著书易事耳，而粹白为难。温公外无驱迫，内无愤矜，独本其利益学人之念，假帝王之力，官属之贤，以大官而躬下士点校之勤，十九年中，固已迁、固所不能骄，族史所不能玩。进而察其言，则又平谨恭逊，欿然不足以自发其独有千古之奇。噫！是人也，殆合良史与君子为一人。夫合良史君子为一人，则史之负人也常少，而其作《鉴》也，乃果足为天下平，是则温公之所以诏万世也。

若煦侯者，盖尝辟咡而受机仲改纂之书，牵于傅训，不能卒诵；《纲鉴》俗学，又汩乱之。三十教于乡，始买得涑水本书，退则诵之。公书既巨，人所畏治，赖有文采梯接后生，洒然不知教之困也。性刚才拙，颇同道原；避地窖书，又类身之。林居六载，风雨其晦。沉吟放歌之外，独于此书，若有会心。二贤已遥，徒歌无侣，聊以点治扪索所得，写为七章，以《通鉴学》署其耑。

呜呼！《通鉴》之学，温公自辟之家学耳。先温公而编年者，项背相望，公既有以改造之而超胜之矣。后温公而编年者，短长相覆，差曰无咎无誉而已。若乃处丕变之运，而昧日新之功，虽日夕爱叹诵写，而改造无闻。则是温公不负后世，而后世负良史才者，乃重有负于温公也。夫欲于今世求良史才，则诚不可以旦暮遇之矣。乃观庠序承学之子，其真能爱叹诵写，知《通鉴》之所以为《通鉴》者，复不可便得。公诚不自尊异，而后贤亦遂无尊异之者，是使先正之心思才力，长委榛莽，虽有改造者出，亦将见井堙木刊，而无复樵汲之可因。吾滋惧焉，所以《通鉴》之学，虽固知为公之陈迹，而终亦不能已于述也。

一九四五年三月十五日淮阴张煦侯

第一章

编年史之回溯

　　《资治通鉴》之所以卓绝，由彼心思魄力，规摹意度，有其超掩前人之处。言乎体制，未为空前；寻其初貌，三古已具。非温公资力之不足以言创作，乃由一种史体之肇，其势常萌于不得不然。固不容迟至十一世纪之北宋，乃克有此种形式，出现于史部新著之中也。

　　今若于开端之始，不明《通鉴》之体本有所因，是非惟抹杀实际而已，其尤甚者，当有二失：其一，以《通鉴》为异军突起之书。则当温公之稿未属，治平之诏未颁，编年一门，全如长夜；而自有史以来，逐步演进之迹之绩，将悉在后生知闻论究之外。其二，以《通鉴》为旧法世传之业。则是温公此书，步趋轨辙，无一而非踵事前人；而《通鉴》之质之量，所以精微广大，只立寡偶，亦将为后生所不及知。由后之说，是未知温公；由前之说，是未知前史。要之其无当于史学则一也。

今所论次，虽以温公为唯一指标，《通鉴》为唯一对象，而上下四旁之种种背景，足以产生此书，成就此书，皆宜在仅有材料之中，为之抉剔，加以检讨，庶几因果易明，而赞颂为不徒然。此在前修之中，亦非无究论之者，然或理论有待补充，或事证有待增益。

盖古来治史学史者，自唐之刘知几《史通》一书而外，其于史籍源流与史家得失，能为深谈，而目光不局于一隅者，尚不多见。《资治通鉴》成于北宋，不及纳于刘氏铨衡之环中。后贤解题之书，源流得失，粗略而已。吾谓源流备见，则得失将益昭然。刘氏之巨眼，则既不易得而多见之矣。而治斯学者，意有所专，岂能自废。此编所明者，涑水一家之书，而本章乃以初型发端，于史体见其源，即于温公见其大。源流得失，相待以明，亦《史通》之旨也。

一、编年史之初貌

今试就古来史体衍进之迹象而推明之。盖当黄帝之世，仓颉以史官而作文字，《世本》载之，后世史家无异辞。未有文字之前，先民活动之迹，存乎口耳，托于讴歌。有文字而后有简册，有简册而后有记注。故《孝经纬·援神契》曰："三皇无文。"明书契之用，待五帝而始有。司马迁作《史记》，书上古事，自黄帝始，非无故也。虽然，今《五帝本纪》所存黄帝史迹，大都掇拾传闻，粗略已甚。其确实程度，去断烂朝报尚复远不能及。太史公博极群书，而《黄帝本纪》所据，乃舍《世本》《大戴礼记》外无他资料，抑曷故哉？曰：是未知夫古史之所记注，有异于后世史册者在也。微论七十子后学所传，若"左史记言，右史记事"，此等雍容载笔之分工办法，绝非上古朴略之世之所能具。而其时文字之用，亦复至为简质。其史官之所措意者，历算推步之学实为要端。有历算而后有年代，有年代而后有谱谍。

谱谍之书，旁行斜上，凡帝王名谥，在位年岁，传世享国修短，与其文物制作、征伐会盟之荦荦大事，散著其中，盖一稀疏断落之编年史也。太史公曰："自殷以前，诸侯不可得而谱。"①明五帝至殷，王朝之事皆可谱也。又曰："余读《谍记》，黄帝以来，皆有年数。稽其历谱谍，终始五德之传，古文咸不同乖异。"是知黄帝以降，固已各有系年之书。史迁所见，原具年数，徒以众本不同，是以卒用《春秋》传疑之义，略其年月，但为世表。史迁之弗论次，是史迁之慎也。而后世治古史者，欲借此众本以稍知古文乖异之程度为何如，其间大事之借《谍记》以仅存者究为何等，举不可得，是又史迁之过也。

---

① 《史记·三代世表》序。

或问：《谍记》所存，世谥为重，安见必有大事附见其中？曰：定王五年河徙之事，《周谱》书之①，以此例彼，何必不然？况《世本》为后来史官所辑，《大戴礼记》为七十子撰记之书，《谍记》纵简略，固当视二书为可采。史迁所见众本纪年之有差殊，盖由古代历法，有黄帝历，有颛顼历，其后三代亦各有历，非若后世之较若划一。又自仓颉以后，载笔者代有数家，其于前代系年，或循用焉，或追改焉，积久生差，遂至迷眩而不可辨。使温公当之，撰一《考异》，可以折中。举而弃之，不已过乎！

要之编年之书，与历算实相表里。黄帝迎日推策，仅为初步。下逮帝尧之时，测候精而推步详，始知四仲中星，知一岁岁实，又知以闰月定四时，以视泰西古代天文之学，远为胜之。故孔子序《书》，自帝尧始，其间年月，亦颇有存录。《尚书》非编年之体，虽年月多阙，非必即为孔子所删弃。若《谍记》至今犹存，自尧以后，则必更有粲然者矣。夫《尚书》与《谍记》同为古代王朝之官书，然《尚书》因孔子删存而布于民间，其传益显；《谍记》藏于故府，至汉犹存，徒以子长之表三代，以世而不以年，易世而降，终焉泯废。以文字繁简言，以史官记载之难易言，《谍记》之体，必先于《尚书》，实为我

---

① 《梁书·刘杳传》。

国古代编年史之初貌，以今思之，是重可惜矣！①

编年史之面貌，存于五帝之世者，既不可睹；而史迁所见《谍记》，其内容与可信程度，又尚属假定之谈。则其可睹而可信者，究安在耶？曰：三代之世，有其仅存者焉——夏以后之《竹书纪年》也，殷墟之卜辞也，周之诸侯史记也。夏、殷、周皆有史官，夏、殷之史，其所掌者，谱谍历算为重。何以知之？《吕氏春秋·先识览》记夏桀无道，太史令终古出其图法，执而泣之，桀暴愈甚，终古乃出奔如商；殷内史向挚，见纣迷惑，于是载其图法，出亡之周。夫太史令与内史，皆史官也。图谓谱谍，法谓历算之书，皆史官所掌，国亡而史先去之。由其递相付授，不以社稷而存亡，故魏史得记三代之年，而子长生当汉世，犹得亲见历谱谍之书焉。今以次究详之。

《竹书纪年》者，藏于汲郡魏安釐王冢，发于西晋太康三年。其书起自夏、殷、周，以夏正建寅之月为岁首，编年相次。所记皆王朝事，无诸国别，惟特记晋国。晋灭特记魏事，迄于魏哀王之二十年。杜预为《春秋经传集解》作后序，备书其事，断为魏国史记，又谓其著书文意，大似《春秋》。《晋书》束

---

① 或曰：史公虽曾见《谍记》，而不敢便信为黄帝以后之信史，惧为后世妄作之书，存而不录，亦有以也。曰：《谍记》之不可便信，吾深服史公载笔之慎。然上古史官世守谱谍有其确证，其记事虽疏阔，观于《史记·十二诸侯年表》又《六国表》所系逐年大事，有《春秋》及迁书本纪所不载者。假令黄帝之世制，文字与造历之二事为不可推翻，则《谍记》中系年书事乃属史官职掌中无可更改之工作。特是存于汉初者或不免真伪相杂耳，史公恶其不雅驯而尽弃之，无乃太果？

皙、荀勖等传所载整理写定之事甚悉。先秦编年之书，直接与世人相见者，《春秋》第一，而《纪年》次之。论其苞溯之远，《春秋》犹不若《纪年》也。吾尝推其传付之迹，盖夏、殷二代，诸侯无史①。王朝谱谍，因终古、向挚之抱籍先去而递入于周。周之诸侯，惟鲁公初封，尝受祝、宗、卜、史，备物典策之赐，余皆无之。自籍黡司晋之典籍，而辛有之二子，自周适晋为太史，共掌典籍，晋于是有董史②。晋亡而史入于魏，故魏之史官，得记晋事，又因辛有之仕晋，而得备记夫三代王朝之事。是知《竹书纪年》记夏以来，实有所承。一旦因汲人发冢，得出人间，文化界一大幸事也。虽然，《竹书》原本诚足贵，而断烂之余，束皙等以今隶写之，则已不能无脱误矣。尤可异者，晋写本自魏迄唐，如郦道元之注《水经》，司马贞之注《史记》，引用各数十条，而今世传本，乃多与二家所引互异。又杜预称《纪年》起夏、殷、周，而世传本起黄帝。《晋书·束皙传》谓夏年多殷，而世传本则殷多于夏。故清儒崔述首疑其书，以为宋人书目，《竹书纪年》不见著录，必因唐末五代之乱而失之，仅于前人所征引存千百之一二；今之传本，乃为妄人不自量度，采摘《水经》《索隐》所引之文，而取战国邪说、汉人谬解、晋代伪书以附益之，作此二卷，以肆其欺③。崔氏之论，可谓巨眼。

---

① 参杜预《春秋经传集解·后序》，又《史记·三代世表》序亦可参知。
② 《左传·昭公十五年》。
③ 《竹书纪年辨伪》。

尔后朱右曾有《存真》之作，王国维有《辑校》之作，原书面目，始稍稍可识。然而通人恨其太寡，末学者仍不免为赝本所欺。良由晋写本行世以来，传习甚稀，不为学者所重[1]，故不久泯绝，竟不能于前史有所补益，仅于故书雅记之中存征引之迹于千百之十一而已[2]。

殷墟卜辞者，皆殷代龟甲、兽骨之刻文，以清光绪中出土，可识者不及千字。据上虞罗振玉所辑，凡卜辞一千一百六十九条，有关于祭祀者，关于渔猎者，关于风雨出入征伐若年岁者。其间社会组织、文化状态、战征之规模，乃至殷代先公先王之名字，皆略可考见。近代孙诒让、王国维诸家，各著专篇，取证经史。最近学人，本新史见地，就仅存资料，以估定殷代社会者，亦有其书。诚重之也。古代史官，其职掌恒与卜祝相连，若天道，若鬼神，若灾祥，若卜筮，若梦，其占验常见于左氏之书，是其明证[3]。故殷墟所得卜辞，其事虽殊，其文则史。古者国有守龟，靡事不卜，则是积全殷之卜辞，可以成一极详且备之殷史，无可疑也。所惜者，殷代年祀绵长，此一千一百余条之卜辞，仅如太山之一粒微尘。又散乱之余，全无友纪；年月先后，莫可董理。故卜辞终是卜辞，而不可便与《纪年》之

---

[1] 其中记伯益、伊尹及季历事颇与经传违互。
[2] 《汲冢纪年》太史公未曾见，而《谍记》所载年数，史公又未敢据以为信，故《夏》《殷本纪》皆不系年月。
[3] 参汪中《左氏春秋释疑》。

书同视。惟卜辞间系干支，可以想见殷之史体，必已详记月日。又卜辞字句简质，甚于《春秋》，逆计其时策书文体，必亦相去不远。《谍记》既亡，《竹书》又伪，殷代编年之史，惟借此仅见之卜辞粗存面貌。且因卜辞之仅存，而益信殷代确已有其编年之史体。是则推论之可必者也。

周之诸侯史记者，《史记·三代世表》序曰："自殷以前，诸侯不可得而谱，周以来乃颇可著。"明诸侯之有史，始于周也。观于传世之周代金文铭辞，及《周书》中可信诸篇，乃至鲁史之所藏，孔子适周之所观，皆可以见周代史官书事之详，远胜夏、殷，王朝史实，于焉大备。虽然，今《史记·周本纪》所书王朝事迹，远不若其列国世家之周浃赅备，则以周史已亡，而《春秋》独存也。其本纪中所存周事，犹有年月可见者，则以周史虽亡，其大事颇因《春秋》之存而幸存也。《春秋》为诸侯史记之一，他国亦有史，非鲁国之所独有，故今之所标，不曰《春秋》，而曰诸侯史记也。请备论之。周代建官，史职最备。辛甲、史佚皆周初史官之著者。载籍所传，自《周易》《周礼》《周书》《周颂》而外，又旁溢而为《周谚》①《周志》②《周语》③《周说》④。繁侈若斯，则编年史自所必有。然而其事

---

① 《左传·隐公十一年》。
② 《左传·文公二年》。
③ 《国语》。
④ 《汉志》小说家著录。

多佚，其体无闻者，则以敬王之季，王室有乱，王子朝奉周之典籍以奔楚。逆计是时册府旧藏，乍经波荡，必已残缺而不完。第《史记》谓孔子适周，论史记旧闻①，疏家又有使子夏求周史记，得百二十国宝书之说②。则周之史书，与列国策书之上于王朝，掌于外史者，度尚未尽归泯绝。及夫秦既得意，烧天下《诗》《书》，诸侯史记尤甚。《诗》《书》虽以多藏人家而复见，史记终以独藏周室而废灭③。于是周史亡，而夏、商以来绳绳勿绝之史亦亡。此乃三代文献一大公案，司马子长惜哉之叹所为作也。其史事之不尽佚，史体之不尽无考者，则以孔子宣布六经于民间。《尚书》《春秋》，传习在人；文、武之道，得勿废坠。于是周之史事，借《尚书》《春秋》而存其十一；周史编年之体，亦借《春秋》而略可考见其面貌。后世刘知几著《史通》，考论前史，首挈二家④，固见史统之尊，亦可以见孔子之功实在万世。何者？秦政酷烈，李斯逢恶，凡史官非《秦记》皆烧。味此一语，正不知多少宝书，烬于一旦。微孔子，则并此四代记言之书，与二百四十二年之鲁史，亦将无焚余之可存矣。岂不然哉？岂不然哉？

---

① 《史记·十二诸侯年表》序。
② 《公羊疏》引闵因叙。
③ 《史记·六国年表》序。
④ 指《尚书》《春秋》二家。

二、《春秋》之于史学

诸侯史记之中,《春秋》既以孔门传习而幸存,故居今日而欲尚论古初编年之史,求其义例最备,烂脱最少,亦断不能舍《春秋》而更言其上。今若剪截群言,略申鄙见,以祛烦惑,则《春秋》之于史学,盖有不可不知者四。

第一,《汲冢琐语》记太丁时事,目为《夏殷春秋》①,《春秋》之称,斯为最古。盖伊古编年之史,通称《春秋》,非必鲁史云然。证诸经传,孟子谓晋史曰《乘》,而《晋语》称羊舌肸习《春秋》;谓楚史曰《梼杌》,而《楚语》申叔时传论傅太子之法,云教之以《春秋》。墨子亦曰:"吾见百国《春秋》。"故孔颖达曰:"《春秋》是其大名,晋、楚私立别号。鲁无别号,故守其本名。"②虽不必即然,其说亦有由也。

第二,昔韩起聘鲁,观书于太史氏,见鲁《春秋》,而有周礼在鲁之叹。盖鲁为周公之国,备物典策之赐,惟鲁有之。其例虽不必如杜预之所云,而表年书事,其法必受之于周。伪撰《六经奥论》谓《汲冢琐语》亦有鲁《春秋》,记鲁献公十七年事③。按献公之世乃在共和之前,其时卫、曹、燕、蔡、齐、宋、晋、秦、陈、楚诸国,皆但有世次而无年数,而《汲

---

① 见《史通》。
② 《左传疏》。
③ 《奥论》未见,据皮鹿门《五经通论》云尔。

冢琐语》中，乃独存鲁史之断简，且系专记一年之事。则鲁之《春秋》，渊源周室，其来已久。徒以惠公以上，不见修于仲尼，是以后世无传，论其记载之详，固与隐公以降无以异也。

第三，今《春秋》始隐终哀，作传者与注疏之家，有其说矣。究其何以托始于隐，则诸家之论终未谛当。以最著者言，莫如杜预谓平王、隐公，其时相接，可谓得《黍离》之诗意，见东周之始衰者矣。然鲁惠元年，值平王之三年，不更可以托始耶？且多存四十六年之事。则杜说亦非也。后世经学者惟顾炎武谓隐公以下，世道衰微，史失其官，故孔子惧而修之。惠公以上，则无所改①。江永谓惠公以上，鲁史不存，夫子因其存者修之，未必有所取义②。斯二说远为明通。然鲁史不存，于传无征。世衰失官，亦不必即始于隐公之世。余按公羊家论十二公，有所见、所闻、所传闻之三世。惠公以上，皆在所传闻之外，其简书所记史实之真相，既非孔子所及知，则自无从行其笔削。且孔子尝观百二十国宝书于周史矣，此百二十国者，当鲁隐以前，大率有世次而无年数，则事迹茫昧，岂足以备纪年之采择？孔子虽因鲁史，其眼光所注，常以中夏为范围。既无可采，则终欲追溯而无从。今人追论前事，事迹不备，犹不敢强立褒贬，况于《春秋》一经，为经世大义之所寄乎？则知

---

① 《日知录》。
② 《群经补义》。

《春秋》托始隐公，原非义之所存。凡为之说者，皆凿而求之者也。

第四，《春秋》之体，旧史所同，无形中固已自成类例。如晋之董狐、齐之太史，其书法皆为今《春秋》所因。以此推之，则知循而不改之文正多。又玩晋、齐太史所书，更见古之良史，以书法寓褒贬者，固已有之，孔子祖述而已。《孟子》载孔子之言曰："其义则丘窃取之矣。"窃取之者，言窃取褒贬之义于良史也。太史公称孔子次《春秋》，约其辞文，去其烦重，以制义法。如《公羊传》称不修《春秋》曰"雨星不及地尺而复"，君子修之曰"星陨如雨"。陈寿祺曰："太子独记子同生，而不及子赤、子野、襄公，所以起不能防闲文姜之失。妾母独录惠公仲子、僖公成风，而略于敬嬴、定姒、齐归，所以著公妾立庙称夫人之始。"此又为去其烦重之证。余例尚多，从略。凡此点窜之余，常见特笔，而义法即寓乎其中。故《春秋》者，乃合周史之成规，鲁史之旧文，与列国良史之书法，本其拨乱反正之见地，裁成义例，制为一经。史为时代反映，又为社会缩写。而《春秋》者，更于文句之间施符号焉。所以不敢明言也者，则危行言孙之旨也。

明此四端，则凡《春秋》一经，其体之所出，事之所参，与其缘时制法之由，以及用鲁之故，始隐之故，乐取于人之公心，皆得以窥见梗概。

三、《左传》之于史学

大抵一民族之史书,其始也,自歌颂而外,苟有历法,必以编年开端。《元秘史》以鼠儿年、牛儿年系蒙古初兴史实,即其明证。我国编年之体,自《谍记》始,而今久亡。惟《春秋》书二百四十二年之事,东周诸国之大势所在,昭然日星。就史籍发展之次第言,亦世界所仅有。所异于今之史学者,则历史重客观,而《春秋》务褒贬。故承学之士,不敢便以史籍视之。幸有丘明之传,共相表里,而后本事以出,而《春秋》褒贬之义以明。

左丘明之名,始见《论语》,又见孔颖达《左传疏》所引旧本《家语·观周篇》佚文中。盖颖达得自沈文阿,沈文阿又得诸严彭祖《严氏春秋》之所引者也。《观周篇》云:"孔子将修《春秋》,与左丘明乘,如周,观书于周史,归而修《春秋》之经,丘明为之传,共为表里。"此《观周篇》,与今本言南宫敬叔观书于周者异,实为王肃窜改以前之原本[①]。文中"共为表里"四字,最见经传相须之理。原夫《春秋》底本,实为鲁史。其间所载并世诸国之事,皆准赴告策书之文。襄公以上,岁月滋深,虽圣如孔子,无由遍知其本事。本事不明,则褒贬之笔难施。周有外史,掌四方之志,诸侯史记,咸萃于斯。故孔子

---

① 臧庸《拜经日记》。

不修《春秋》则已，欲修《春秋》，则观书周史室，乃属必不可无之事。《公羊》徐疏引闵因叙，谓孔子使子夏等十四人求周史记，得百二十国宝书，九月经立。此或一事而传闻异辞，或孔子观书之后，继之以求，皆未可知。《汉志》称丘明为鲁太史，则与丘明同观，更属理所宜有。然则经之所参，亦即传之所本，二者之源，是一非二。共为表里者，犹言相为表里。盖传待经而义严，经待传而事出也。但《春秋》以褒贬不谬为归，作传又以本末具详为尚。故左氏下笔之先，关于史料之搜集与鉴别，其繁难有十倍于孔子之修《春秋》者。当其为鲁太史，凡《易象》与鲁《春秋》①，以及周人之御书，宰人之礼书，象魏之旧章②，此皆鲁之所有，丘明不容不观。后生乍读其书，每讶左氏好言天道休咎或典礼违合之事，曾不知祝、宗、卜、史，其职掌本自相涉；又鲁史周礼，至哀公时礼书犹存，凡故府之所藏，亦即史氏之所包，则其作传之顷，广记备录，成一家言，乃属当然之事。虽甚浩博，犹不足以见丘明采摭之勤也。

由今日仅存之本或佚文，足以探见左氏采摭之勤者，厥有二书：一曰《世本》，二曰《国语》。

《世本》录黄帝以来帝王诸侯及卿大夫系谥名号及制作起原，刘向以为古史官明于古事者之所记，而班彪直以为出于左

---

① 《左传·昭公二年》传。
② 《左传·哀公三年》传。

氏，颜之推亦云然。按《谍记》之书，自黄帝时即已有之，代有增辑，实为古史书真面目之所存。左氏兴于《春秋》，慨然欲存二百四十二年之史实。身为纪年之史，凡年代世系，及生于其间者之名字谥号，乃条贯之所存，别嫌明微之先务。此而不讲，则先后错谬，祖孙颠倒，名谥乖离，甲乙牵混，有必不可免者。故于"具论本事"之先，就《谍记》之故书，为《世本》之新纂。载笔之顷，视为纪纲。杜预注《左》，以此合观，故三桓七穆，世系昭然，姓氏名谥，异同不紊。今人不知左氏于谱谍之学用力至勤，而徒咎其一书之中，一人之身，而名字谥号，不能划一，盖未知《世本》之与《左传》，原自有相依并行之义。譬如《尔雅》，治经者孰能舍之？今《世本》业微，其书浸亡，岂左氏之意哉？

　　《国语》原本凡三篇，专记晋、楚二国之事。晋太康中所得《竹书》如是，观束皙诸传可知。案二国有史，见称《孟子》。《国语》不载年月，当非晋《乘》、楚《梼杌》之书，然而奇节伟行、高论善言往往而在，珍说异闻亦此书所恒有。左氏得见是书，恃为重要资料，故二国之事，最见本末。又当时如《周志》[①]《鲁语》[②]《郑志》[③]《楚书》[④]之论，亦系载言为多，其性

[①]《左传·文公二年》传。
[②]《墨子·公孟篇》。
[③]《左传·襄公三十年》传。
[④]《礼记·大学篇》。

质并同《国语》。左氏审其事而不诬,核其年而可考,亦采以入传。其采择之余,虽有令辞,而或年月不明,或真舛难定,则又汰其甚者,合以晋、楚诸国之事,纂而存之——今之《国语》是也。顾《国语》虽曰左氏所纂,刘向所定,而其辞则全非左氏手笔,明是他国载笔之所为;《吴语》《越语》直一毫不相似。所以流传不废者,则以其为左氏所辑存,其间异同详略之处,有足考稽;又《春秋》前事,及战国初期之事,如三家分晋之类,凡格于年代不得入于《左传》者,亦往往于《国语》中见之。学者重视其书,尊为外传,亦有以也。

左氏据《世本》《国语》二书,用资参核,故能确立其统系,充实其内容。此在《春秋》史料方面,实为一至艰至重之业。且虽曰以鲁纪年,而并世诸国之重大事端,靡不毕载。校其详细程度,则晋、楚诸国,且皆视鲁事为多。心思不局于一隅,而目光常周于四海,后世编年之史,虽亦有之,核其祖始,则皆左氏之所开,前乎此者所未有也。

而良史忠实之美德,犹不止此。《春秋》所书,一本诸国赴告之文。如平王以壬戌崩而赴以庚戌,《春秋》仍而不改,惟左氏为能据周史而正言之。其特笔所在,如"天王狩于河阳"之类,虽寓大义,究非事实,惟左氏为能据列国之史而质书之。此等存实之例,传中常常遇之,不可悉数。身为太史,务存事实。《春秋》止于哀十四年之西狩获麟,《公》《穀》皆然,而左氏之经,独终于十六年之孔丘卒。其传则自"小邾射以句绎来奔"为始,至二十七年哀公逊邾乃止，视《春秋》实多存十有三年之史事。凡前此未了公案，左氏一一终竟言之，使各有归结。斯又史家载事务求明备之盛心，虽历千祀，而昭然如揭者也。

左氏挟其闻见之浩博，重以文辞之都雅，足以絜其事而如其量。其抉择眼光、剪裁能力、描写技术，皆有超前掩后之伟观。有才如此，则多学不足为累。其意之所溢，不能已于言者，则又假君子之辞以发之，虽其书后成，不见正于孔子，要皆有为而发可知也。至篇中所引嘉言，若周内史吉凶由人之论，子产天远人迩之说，晏子祝不胜诅之对，以及女叔齐礼仪之辨，刘子性命之解，其名言至论，又足以见《春秋》哲学思想，已非前古神权时代所能拘束。更观师旷对晋平公之辞，则虽君权亦生动摇。左氏撼而为传，此正见左氏意识所在，已自有其独立尘表之倾向。尝谓史家虽尚客观，而采事选言，每有少分流露其自我见解之处。自来读《左传》者，于其史才，类皆推服无异辞矣。其史学则能言者稀，至史识则更稀。夫专就"君子曰"以下之所云，而欲穷左氏史识之所至，则其猥加攻难，矢口成谳，不亦宜乎！①

是故先秦编年之史，至左丘明而成功，亦至左丘明而后集大成。谓之成功者，以左氏既负创作之天才，承有史以来簿记式之传统方法之后，因文字之孳乳，与散文之流行，本其进步

---

① 今本《左氏》多三晋人所附益，是本乃别一问题，与价值无涉。

之记述方法，用能自创体裁，自具机杼，自辟境界。以视诸侯史记之零丁断落，情事不尽，不可不谓之成功。谓之集大成者，由其身与史职，又能多所吸收，有含纳百川之量。貌若空前，其实渊源所自，一一皆可考按而知。自史职而言之，天文星历，史家之所掌也；卜筮，与史职相连者也；礼，周公旧章之在鲁者也。左氏通历象之学，故能知司历之过，纠失闰之非。其兼载占验，盖未尝不以人事参之，与希腊学者之怀疑观念，正复相若。礼为自然法则，又为社会秩序，又为邦国典章，左氏论断之余，于此每三致意焉。不读《左传》，未易知礼之切于人事如斯其亟也。有此数端，波澜已富。而《春秋》之末，故书雅记，流传非一，若传中所引史佚、辛甲之语，累累在口，意当时必有其书。至《军志》《前志》《郑书》之伦，更一见而知为已著竹帛。时人既知征引，则左氏固不容不见。凡斯之类，皆其小者。其最有关系者，乃为下列诸书：

书　名	性　质	左氏取资所在	附　注
《谍记》	黄帝以来之世谱年表	贵族世系名谥，乃本书人的骨干，左氏用功甚至，其传于后者有《世本》	太史公本《谍记》之体以作十表
诸国《春秋》	史官编年之书，《乘》《梼杌》属焉	合其年代与逐年大事，凡足以正鲁史之差舛，而补其阙略者，取之	太史公本《春秋》之体以作十二本纪

书　名	性　质	左氏取资所在	附　注
《尚书》	政书如《禹贡》，公文书如《康诰》，大事记如《金縢》	其中大事记之体，开长篇叙事之源。左氏善用其法，遂有蹊径独辟之观	太史公本《尚书》中政书之一体以作八书
《国语》及其他	稗说野记之流	此等书为春秋杂事之统汇。《左传》实质方面，取材最多。间有以人为纲者，遂开传状一派	太史公本以人为纲之一体以作七十列传

此诸书者，或取其史体，或取其史料，或二者兼取焉。资源广而积累富，含纳多而变化出，缘缘相乘，遂成创制，斯所以为集大成也。

大凡一史家之成就，将有所创，必有所因。惟旷代之逸才，为能即因以为创。其次谨守规模，稍加檃栝，有改进而无革命，而家法赖以整肃，体例亦益就精严。旷观载籍，仅得四人：以纪传体言，善创者曰司马迁，善因者曰班固；以编年体言，善创者曰左丘明，善因者曰司马光。司马迁本前史之法，而施以变化，以成表、纪、书、传之体，可谓善创者矣①。班固因之，而以严整见长。后来官修正史，累二十有余，不得不用其法。左丘明席凭借之厚，加涉猎之勤，本编年书事之规，旁搜而远

---

① 参前表附注。

绍，择精而语详，可谓善创者矣。后世荀悦、袁宏、习凿齿诸家，踵其法以成书者，虽有多种，而考览未见详允，体例更未甚讲求，重以年代短促，卷帙寡少，校其功力，举不足以尽夫体大思精之能事。用是左氏家法，寂历千载，几无嗣音。直至北宋之兴一百有余岁，有司马氏之肖子曰光，始远缵丘明家学，踵《左传》之后，始战国而终五代，包一千三百六十二年之行事于一书，神宗悦之，赐名曰《资治通鉴》。自是书成，而后编年之书，浸有定型。视谱表之《谍记》，与簿录之《春秋》，固远为精详；而拟之《左传》，虽文采不及，而义例加密多多，亦有出蓝胜蓝之美。故后世为编年之书者，皆以"通鉴"为名，以《通鉴》之法为法。

昔庄生遍论学术源流，于史家则以"旧法世传"四字括之。可见自仓颉以降，虽有所异，要有所宗。司马迁可谓善变者矣。观吾所为表，则草蛇灰线，固有其迹。《通鉴》绍承左氏，左氏以周室史记为祖，以鲁之《春秋》为父，其间轨迹，更自昭然。盖史之大宗原为编年，纪传之家，虽曰面目一新，犹必以本纪居首，则时代观念，其重要为何如？至其发展次第，则至《左传》已崭然成一新阶段。自后荀、袁诸家，虽有述作，举不足以开拓堂宇，纂成一家。其真有绍述之意，而学问与功力，又足以成其绍述之志者，惟司马氏之《资治通鉴》足以当之。故司马氏者，缵大宗之绝绪，开中兴之盛业者也。学者先明乎此，而后可与进论《通鉴》之学。

- 第二章 -

《通鉴》编集始末

编年之体,既自初置史官之际而已具,故史官无一时不设,即编年无一时而废。至《左传》之作,则夫系年书事之体制,益由简质而趋美富,殆可谓告成功焉。《太史公书》合纪、传、书、表诸体而成,诚不可以入之编年。然《本纪》居首,实仍用编年法。纲领有在,故其事虽散见于世家、列传之中,而本末先后,仍自秩然。虽曰开传状之体,以人物为本位,而时间本位之成规,未竟弃也。惟以其事分见诸传,故《本纪》书事略甚,似《春秋》而不似《左传》,其弊使读者于一事之颠末曲折不可猝晓。班固继之,作《汉书》八十余万言,体同《史记》,遂令左氏家法绝而未续者五百余年。

汉献帝首病班《书》之文繁难省,诏荀悦依《左传》体,以为《汉纪》,悦举要撮总,通比其事,间附议论,才八万四千余言,而辞约事该,时称嘉史。所谓举要撮总者,谓削去繁细情节，使要点集中也；通比其事云者，谓班《书》分见诸传，悦则会通为一而比次于逐年之下也。能如是，无惑乎其能辞约而事该矣。故左氏而后，有其首著一书，用左氏法，便学者之稽览，尽系年之能事，使编年一派，自是而脱离解经之传，屹然树立于史体之中，自荀悦始。悦书而后，踵纂相仍。若张璠、袁宏之《后汉纪》，孙盛之《魏氏春秋》《晋阳秋》，习凿齿之《汉晋春秋》，干宝、徐广、王韶之之《晋纪》，裴子野之《宋略》，吴均之《齐春秋》，何之元之《梁典》，萧韶之《太清记》，直至柳芳之《唐历》，是皆断代而为之者。又若萧方等之《三十国春秋》，崔鸿之《十六国春秋》，丘悦之《三国典略》，是皆分国而为之者。断代编年，则褒贬有出入；分国编年，则主客有彼此。而史事之复出，通览之不便，更为分国书事之最大弊端。

夫悦书系奉诏而作，又专以改纂《汉书》为使命，其有所限断，不得已也。后之史家，无所拘系，固当包络百代，钩贯群史，择精语详，以为一书，而后乃有当于会通之义。乃编年家自张璠而下，依违谦让，举不敢为，遂令历代作者，新旧相覆，醇疵莫辨，学者寻讨，劳而少功。其间非无有志之士，欲通古今为一书，而皆佚去不传，其传者若唐许嵩《建康实录》之类，所记者又仅限于江左六朝之事，观于温公有言："《建康实录》以下无讥焉。"则其书亦非体大思精之作。是知荀悦以后，《通鉴》以前，编年诸家中，欲求年代遐长，搜采繁富，考订精核，足以为《左传》之嗣音者，又卒无有。夫《左传》家法，中绝者五百余年，得一荀悦，又局局于西京一朝，自是而讫宋初，邈邈千余年，直无一人心左氏之心，欲通古今为一书者。则是左氏编年之法，无异乎及身而绝也。学者观此，足知史家之难得；知史家之难得，则是《资治通鉴》之只立无对，于史部中为不可或无之作，岂待言哉！

一、温公著书始末

欲明温公著书始末，当先究其不容自已之故。

盖宋人之荒于史学久矣。刘恕《通鉴外纪》序曰："本朝去古益远，书益烦杂，学者牵于属文，专尚《西汉书》，博览者乃及《史记》《东汉书》，而近代士颇知《唐书》。自三国至隋，下逮五代，懵然莫识。承平日久，人愈怠惰。《庄子》文简而易明，玄言虚诞而似理，功省易习，陋儒莫不尚之。史学浸微矣！"如恕所论，足见一斑。而学者之所以怠于治史，则又以史籍猥多，未易卒览之故。

司马光之嗜史，盖少时成于天纵者也。史载光生七岁，闻讲《左氏春秋》，爱之，退为家人讲，即了其大指。故其《进书表》有云："偶自幼龄，粗涉群史。"《谢赐序表》又曰："臣百事皆出人下，独于前史，粗尝尽心。"非夸语也。然光在

《与刘恕道原书》中自言:"少时惟得《高氏小史》读之。自宋讫隋,正史并《南》《北史》,或未尝得见,或读之不熟。"则又见私家书少,虽有其志,而遍览为难。《高氏小史》者,唐高峻所作,凡六十卷,即自《史记》讫《隋书》之钞纂本也。《通考》引陈振孙解题曰:"司马温公尝称其书,使学者观之。"是其嗜读之证。愚谓高氏此书,非甚卓绝,特以正史烦重,既难遍治,高氏此纂,实有利益学人之意。温公称之,喜其先得我心耳。不然,则温公著书之意,或高氏启之也。

温公奉敕著书,始于英宗之治平;而在仁宗嘉祐之年,即已为刘恕言之。恕于《外纪》自序中述公之言曰:"《春秋》之后迄今千余年。《史记》至《五代史》,一千五百卷,诸生历年莫能尽其篇第,毕世不暇举其大略,厌烦趋易,行将泯绝。予欲托始于周威烈王命韩、魏、赵为诸侯,下讫五代,因丘明编年之体,仿荀悦简要之文,网罗众说,成一家书。"观恕所述,更足明温公此志,怀之已久。徒以"私家力薄,无由可成"①,是以蓄而未发。宋嘉祐为仁宗在位最末之年号,嘉祐八年而仁宗崩,英宗即位。温公受诏在英宗治平三年,而在未受诏前,已写进所为《通志》八卷。今其表载于温公集中,年月不详,距离或不甚远。观表中所言起讫,则此八卷者,即今《通鉴》中周、秦两纪之文。盖温公既为道原言之,即已试为撰集

---

① 《进书表》。

之矣。英宗右文之主，屡见记载，而温公适以龙图阁直学士而兼侍讲，借酬夙愿，可谓逢时。故既进《通志》八卷后，至治平三年四月辛丑，即有编集历代君臣事迹之命。温公奏曰："臣少涉群史，窃见纪传之体，文字繁多，虽以衡门专学之士，往往读之不能周浃，况于帝王，日有万几，必欲遍知前世得失，诚为未易。窃不自揆，常欲上自战国，下至五代，正史之外，旁采他书，凡关国家之盛衰，系生民之休戚，善可为法，恶可为戒，帝王所宜知者，略依《左氏春秋传》体，为编年一书，名曰《通志》。其余浮冗之文，悉删去不载，庶几听览不劳，而闻见甚博。私家区区，力不能办，徒有其志而无所成。顷臣曾以战国时八卷上进，幸蒙赐览。今所奉诏旨，未审令臣续成此书，或别有编集？若续此书，乞亦以《通志》为名。其书上下贯串千余载，固非愚臣所能独修。伏见翁源县令、广南西路经略安抚司句当公事刘恕，将作监主簿赵君锡，皆以史学为众所推，欲望特差二人，与臣同修，庶使得早成书，不至疏略。"英宗悉从之，而令接所进八卷编集，候书成取旨赐名。凡此皆温公著是书之由来也。其始本以利益后学，其继乃以用之奏御。而用之奏御者，最初八卷，本出自撰，自九卷以后，乃成官修之本。究其所以周折之由，一言以蔽之，无非因私家力薄，欲借手以遂其著书之志而已。

温公之受诏也，英宗特命自选官属，置史局于崇文院，许借龙图阁、天章阁、三馆秘阁书籍，赐以御府笔墨缯帛，及御前钱，以供果饵。以内臣为承受，眷顾之隆，近臣莫及。神宗即位，以治平四年十月初御迩英，进读《通志》，更赐名《资治通鉴》，亲制序以荣之①。盖自治平三年四月，以至熙宁三年九月，为温公居朝编集时期；自是以至元丰七年十二月，为温公居外编集时期。其居朝也，初为龙图阁直学士兼侍讲；四年三月，进为翰林学士；四月，为权御史中丞；其九月，以至熙宁三年九月，复为翰林学士兼侍读学士。此五年间，所成者为周、秦、汉、魏四朝，凡七十八卷。其居外也，初以熙宁三年九月以端明殿学士出知永兴军宣抚使；四年三月，遂判西京御史台；又数年，提举嵩山崇福宫。盖先后六任冗官，正史不详其职名年代。而皆以书局自随，直至元丰七年书成。此十四年所成者，为晋、宋、齐、梁、陈、隋、唐、后梁、后唐、后晋、后汉、后周，凡十二朝，二百十六卷。

李攸《宋朝事实》云："自治平三年置局，每修一代史毕，上之。"余考《通鉴》逐卷题衔，大都历数卷，或十数卷而辄易。以此知某卷为任某官时所辑，而李攸之说为不诬。循逐卷之题衔而观之，则某时期中进程之淹速，与其功力之难易，皆可测知。夫温公辑此书，以何年进何卷，史传无征，而余得于逐卷书衔处比而知之，是亦研究之一快已。条列下方，用知崖略：

《周纪》五卷，《秦纪》三卷：此八卷初名《通志》，盖表
　　上于治平三年四月奉敕编集之前。今本每卷题为权御

---

① 《石林燕语》云：序实为王禹玉所撰，以题为御制，不敢编入家集。

史中丞，乃治平四年事，盖奉敕后又重为修正者。

《汉纪》六十卷：据题衔，前汉三十一卷，乃官翰林学士时所成；后汉二十九卷，乃官翰林学士兼侍读学士时所成。

《魏纪》十卷：据题衔，皆官翰林学士兼侍读学士时所成。当是熙宁三年九月出知永兴军前进。

《晋纪》四十卷：据题衔，一至三十二，为权判西京留司御史台时所成。三十三至四十，为提举西京嵩山崇福宫时所成。崇福宫者，嵩山之祀也。自晋以下，书局迁洛阳。

《宋纪》十六卷，《齐纪》十卷，《梁纪》二十二卷，《陈纪》十卷，《隋纪》八卷：据题衔，皆提举嵩山崇福宫时成。

《唐纪》八十一卷：据题衔，亦皆提举崇福宫时成。但据李焘言，《唐纪》实八十卷。此当是镂版前校定所增。[1]

《后梁纪》六卷，《后唐纪》八卷，《后晋纪》六卷，《后汉纪》四卷，《后周纪》五卷：据题衔，亦皆成于提举崇福宫时。但据李攸《宋朝事实》，元丰七年十二月戊辰上《资治通鉴·五代纪》三十卷。此则五代凡二十九卷，当亦是镂版前所更定者。

---

[1] 李焘言据《通考·经籍考》引。

今更就两时期中编集之经过，而先论其政治地位之变迁。

温公自受诏起，居朝凡五年。以积年理想之著述，遇英宗而得行其志，遇神宗而被种种之殊荣，亲御迩英，进读者屡，可谓盛矣。公当嘉祐中为名谏官，尝为仁宗策立嗣，为英宗议大礼，又尝久居馆阁之地。神宗即位之初，便以翰林学士相处，是由重其器识，故引而近之，欲为大用之地，以副其求治之怀，非但《通鉴》一书有契帝心而已。

顾以朝局变迁，王安石以主张改制，见重神宗。温公忠信诚悫之资，不乐金谷财利之事，故其在史学也为遇，而在政事则疏。议论既乖，乃请求外。神宗虽犹拜公枢密副使，欲以相挽，而条例司未罢，青苗助役之行自若。政治家之风度，言听则留，不合则去。勿论温、荆二公其所执之是非为何如，要之荆公视事，则温公之求去，固其宜矣。至其出知永兴军以后，此居外十四年中，亦有差等。其始职居宣抚，犹非冗散，抚民戍边，尚烦心力。次年春，移温公知许州，公固辞不往，而请判西京御史台。西京者，洛阳留都，故御史台一名留台。虽有公宇，而例不事事，皆执政重臣休老养疾者居之。惟于国忌行香，纠其不肃而已[①]。温公居此，其身始与致仕无异。史家谓其归洛以后，绝口不论事。以传考之，公惟于熙宁七年诏下求言之际，陈事六条，此外皆为修书致力。元丰五年，公又奉敕，

[①]《通考》五十三引石林叶氏语。

提举嵩山崇福宫而居洛如故。公于满四任时，曾辞宫观，请授留真室或国子监，可见崇福宫比留司御史台更无职掌可言。计前后六任，皆听以书局自随，给之禄秩，不责职业。

胡寅之言曰："司马公六任冗官，皆以书局自随。岁月既久，又数应诏上书论新法之害，小人欲中伤之而光行义无可訾者，乃倡为浮言，谓书之所以久不成，缘书局之人，利尚方笔墨绢帛及御府果饵金钱之赐耳。既而承受中贵人阴行检校，乃知初虽有此旨，而未尝请也。光于是严课程，省人事，促修成书……光以议论不合，辞执政而不居，舍大属而不为，甘就冗散，编集旧史，尽愿忠之志。而憸险细夫，顾谓眷恋匪颁之人。孟子曰：'如使予欲富，何为辞十万而受万乎？'小人臆度君子，类皆如是。"①观致堂所言，则此十四年中，虽曰甚专，而新法中人之吹求构扇，犹且不免。故温公尝曰："十九年中，受了人多少语言陵藉。"②处此危局，在常人几难自持，而公犹得毕其初志，以修成二百九十四卷之书，信非容易矣！叩其所以，约有四因：

一、由新法中人虽有一二倾危之士，而荆公君子，实无忮害之心。

二、由神宗承英宗敕编此书之志，眷顾未衰，期其有成。

---

① 《通考》一百九十三引。
② 《容斋随笔》。

三、由温公久以编成是书为终身事业，一旦得有所乘，自必历久不懈。

四、由书局助修诸人，皆天下士，又能量能而授，自必日起有功。

是诸因中，第四因尤当特为重视。兹分两端以说明之：一曰助修之人物，二曰编集之程法。

二、助修之人物

助温公修成《资治通鉴》者，据前载治平三年四月公所奏召，已得二人，曰韶州翁源县令、广南西路经略安抚司句当公事刘恕也，将作监主簿赵君锡也。其后君锡以父丧不赴，又改命他人续举其职，则太常博士、国子监直讲刘攽也[①]。迨熙宁三年六月，公又奏请一人同修，则前知资州龙水县范祖禹也[②]。元丰元年十月，公又奏请差充检阅文字一人，公子康也[③]。此诸人中，君锡以父丧未赴，可勿论。康之力仅在检阅文字，亦与属笔无与。今所宜详者，二刘、祖禹三人而已。《玉海》引司马康之言，亦曰："此三公者，天下之豪英也。"自康以后，言

---

① 《宋朝事实》。
② 《续通鉴》。
③ 《玉海》四十七。

《通鉴》者盖无异辞，由来一巨著之成书，必皆有所借手。况于《通鉴》原以钩贯群史为务，主编者诚不易为，即助编者亦安可于寻常文士中求得之乎！兹以恕、攽、祖禹为次，略写三人之生平，其修书致力之多少，则统以入诸编集程法之中。

刘 恕

刘恕，字道原，筠州高安人，一才高和寡之史学家，而独以温公为知己者也。皇祐初，仁宗诏进士有能讲经义者，听别奏名。一士所对最精详，先具疏，次引先儒异说，末以己意断而论之，二十问皆然。主司惊异，擢为第一。及发糊名，乃进士刘恕，年十八矣。司马温公时为贡院属官，以是重之，实为受知之始。道原是岁赋诗论策，亦入高等。殿试不中格，更下国子监试讲经，复第一。释褐为钜鹿主簿，迁和川令。陆介夫为广西帅，奏掌机宜。温公荐表所谓句当公事者也。

倦游十五年，而温公适受诏编集《历代君臣事迹》。英宗谓光曰："卿自择馆阁英才共修之。"温公对曰："馆阁之士诚多，至于专精史学，臣未得而知。所识者惟和川令刘恕一人而已。"帝曰："甚善。"退即奏以为属，迁著作佐郎。黄庭坚曰："道原天机迅疾，览天下记籍，文无美恶，过目成诵。书契以来治乱成败，人才之贤不肖，天文、地理、氏族之所自出，口谈手画，贯穿百家之记，皆可覆而不谬。"司马温公亦曰："前世史自太史公所记，下至周显德之末，简策极博，而于科举非所急，故近岁学者多不读，鲜有能道之者，独道原笃好之。为人强记，纪传之外，闾里所录，私记杂说，无所不览，坐听其谈，衮衮不穷。上下数千载间，细大之事如指掌，皆有稽据可考验，令人不觉心服。"惟其如此，是以修书数年，凡史事之纷错难治者，则以诿之。温公自谓，光但仰成而已。

王安石与道原有旧，深爱其才，既参大政，欲引置三司条例司。道原以不惜金谷为辞，因规戒之，安石不能用。及吕诲得罪去，道原往见安石，为条陈所更法令不合众心者，宜复其旧，则议论自息。安石怒，变色如铁，道原不少屈。遂与之绝。未几，温公出知永兴军，道原曰："我以直道忤执政，今官长复去，我何以安？"因以亲老告归南康，乞监酒税以就养。诏即官修书而遥隶局中。温公寻判西京御史台，奏迁书局于洛阳。

熙宁九年，道原奏请身诣光议修书事，朝廷许之。道原水陆行数千里，至洛阳。自言心气羸惫，必病且死，恐不复再见，留数月而归。未至家，遭母丧，悲哀愤郁，遂中瘫痪。右肢既废，凡欲执笔，口授稚子羲仲书之。病益笃，乃束书归之局中。以元丰元年九月戊戌终，官至秘书丞，年止四十七。

著述已成者，《十国纪年》四十二卷，庖羲至周厉王《疑年谱》、共和至熙宁《年略谱》各一卷，《资治通鉴外纪》十卷，《目录》五卷。

刘攽

刘攽，字贡父，临江新喻人。与兄敞原父同登庆历进士第。仕州县二十年，始为国子监直讲。英宗读《后汉书》，见"垦田"字皆作"恳"字，诏下国子监刊正。攽校正谬误，不可胜算。治平三年，成《东汉刊误》四卷奏上之。原父学问渊博，文章敏赡，为当世所推。贡父亦博记，能文章，与兄子奉世并称"三刘"。《汉书》自颜监之后，举世宗之，未有能异其说者。至宋始有《三刘汉书标注》六卷，多所辨正发明。

熙宁中，知太常礼院，时方更学校贡举法，贡父议与安石异。廷试始用策，初考官吕惠卿列阿时者在高等，评直者居下。贡父覆考，悉反之。又尝贻安石书，论新法不便。安石怒，斥通判泰州，以集贤校理、判登闻检院、户部判官知曹州。继又为开封府判官，复出为京东转运使。部吏罢软不逮者，务全安之。徙知兖、亳二州。吴居厚代为转运使，能奉行法令，致财赋，乃追坐其废弛，黜监衡州盐仓。

元祐中，起知襄州，入为秘书少监，以疾求去，加直龙图阁，知蔡州。给事中孙觉、胡宗愈，中书舍人苏轼、范百禄交荐之，始召拜中书舍人。以风疾卒，年六十七。

贡父著书百卷，尤邃史学。其守亳州也，尝出所读《汉书》示学官刘跂，且曰："欲为补注，未能也。"跂其书尾，谓卷中题识甚多。盖《汉书标注》之初本如是，虽署以三刘，而贡父之用力为多。故陈振孙谓一本题曰《公非先生刊误》，公非，贡父自号也，合之前所上《东汉刊误》四卷，称"两汉刊误"，为人所称。温公修《资治通鉴》，初辟刘恕、赵君锡，君锡不赴，贡父时为国子直讲，即奏召之，专职汉史。晁公武《郡斋读书志》载贡父之著，又有《编年纪事》十一卷，注曰："因司马温公所撰编次。"此当为节本之类也。他著作之有关史学者，又有《五代春秋》十五卷、《内传国语》二十卷、《经史新义》七卷，今多不存。

贡父为人疏隽，不修威仪，喜谐谑，数用以招怨悔，终不能改。与荆公素厚，至坐是相失焉。

范祖禹

范祖禹，字淳甫，一字梦得，成都华阳人，从祖镇。神宗朝官侍读学士，知通进银台司。以诏书不由门下，又论青苗事不见听，抗疏致仕，士论美之。与温公极相得，议论如出一口，温公尝为作生传，服其勇决。

淳甫幼孤，育于从祖，闭门读书，未尝预人事。嘉祐中进士甲科。既至京师，所与交游皆一时闻人，司马温公早识之。熙宁三年，遂自前知龙水县事，同修《资治通鉴》，迁奉议郎。温公尝论淳甫为人，谓其"智识明敏，而性行温良，如不能言；好学能文，而谦晦不伐，如无所有；操守坚正，而圭角不露，如不胜衣——君子人也"。其助修《通鉴》也，在洛十五年，不事进取，书成，温公荐为秘书省正字。

哲宗立，除著作佐郎，修《神宗实录》。书成，迁官一等。历官右谏议大夫、侍讲学士。绍圣中，以龙图阁学士出知陕州。既而有奏祖禹等刊落事迹，变乱美恶者，命曾布重行修定。淳甫由是得罪，连贬武安军节度副使，昭州别驾，安置永州、贺州，又徙宾州而卒，年五十八。

淳甫平居恂恂，口不言人过，至遇事则别白是非，不少借隐。在迩英，守经据正，献纳尤多，苏轼称为讲官第一。

著作之有关史学者，有《唐鉴》十二卷，《仁宗政典》六卷。其《唐鉴》自序曰："臣祖禹受诏与臣光修《资治通鉴》，臣祖禹分职唐史，得以考其兴废治乱。"盖此书本缘助修《通鉴》而生，此所以用"鉴"为名也。其书采唐事可为法戒者，作论凡三百六篇。其主张有不尽同于温公者，如《通鉴》以武后纪年，而《唐鉴》则援《春秋》公在乾侯之例，系之中宗，且曰："虽得罪君子，亦所不辞。"元祐元年二月表上之。学者尊之，目为唐鉴公。初分十二卷，后吕祖谦为作注，乃分为二十四卷。史称是书深明唐三百年治乱。而王鸣盛则曰："此书纯是议论，于考证无益。议论佳者，已俱采入《通鉴》。"[1]吾谓两家之言皆是也。

---

[1]《十七史商榷》。

三、编集之程法

兹进而论其编集之程法。

《通鉴》年代遐长,资料繁富,必当先之以柬汰,使错综者归于一途,继之以炉锤,使杂越者如出一手,而后其事可信,其书易读。故此书之功力,有足骇者。吾辈生千载之后,日看数卷,坐享其成,而偶一思维,犹不免闭目摇手,叹前贤之用心过苦。而况一十九年,人事尽废,远声利之途,绝闻达之想。古井枯禅,岂足为喻!是非惟温公独有千古,即恕、攽、祖禹诸人,其德操之坚,行履之笃,亦有非可以"博闻强记"四字该括之者矣!然使无一定之程法,以准绳督课于其间,则岁月纵淹,其书之绩效又安可必哉?故吾今斯编,不效前人空言赞咏,而必一究其书之所以能成者安在。

初,温公尝与范淳甫手帖,论修书者再。宋乾道间,温公曾孙伋得诸三衢学宫,梓而行之,中有一帖云:"从唐高祖初起兵修长编,至哀帝禅位止。其起兵以前、禅位以后事,于今来所看书中见者,亦请令书吏别用草纸录出,每一事中间空一行许,以备剪黏。隋以前与贡父,梁以后与道原,令各修入长编中。盖缘二君更不看此书,若足下止修武德以后、天祐以前,则此等事迹尽成遗弃也。"此一帖子于此书编纂方法极有启示。第一,助修诸公,皆先修长编,以为笔削之基础。第二,诸公所事,各有范围——自汉至隋归贡父,自梁至周归道原,唐则淳甫修之；而所得资料，有不在本人修书范围者，亦互为录致，用相补益。故玩此一帖，则编修之事如何着手，及助修之役如何铨配，皆赖以明，其所关者殊不细也。

惟帖中语略，未可畅晓，今当博观以明其所以。乾道四年，李焘进《续通鉴长编》之言曰："臣窃闻司马光之作《资治通鉴》也，先使其寮采撮异闻，以年月日为丛目，丛目既成，乃修长编。唐三百年，范祖禹实掌之。光谓祖禹，长编宁失于繁，无失于略。今《唐纪》取祖禹之六百卷删为八十卷是也。"据此得知，《通鉴》之书在温公属草之前，实有丛目与长编之二阶段。丛目所以比次异闻，如工厂之原料品；长编则乃稍加修辑，如工厂粗制品，此二者皆助修者之事。若温公之笔削成书，则譬如工厂之精制品也。

温公在洛阳时，宋敏求守亳州，藏书多，又精校雠，刘道原尝往观之，温公亦尝与敏求书，语及修书之事，所云有详于示淳甫者。盖示淳甫者，事先预定之规模；此则当前之事实也。今录其文如下：

> 某自到洛以来，专以修《资治通鉴》为事，于今八年，仅了得晋、宋、齐、梁、陈、隋六代以来奏御。唐文字尤多，托范梦得将诸书依年月编次为草卷，每四丈截为一卷。自课三日删一卷，有事故妨废则追补。自前秋始删，到今已二百余卷，至大历末年耳。向后卷数，又须倍此，共计

不减六七百卷。更须三年，方可粗成编，又须细删，所存不过数十卷而已。

今按温公到洛，在熙宁四年四月，此云"于今八年"，则是岁为元丰元年也。此所谓草卷，即前所谓长编。盖梦得一面编次，温公一面删削，粗成之后，又须细删，故《唐纪》长编六七百卷，温公细删之后为八十一卷，其费工之甚，亦可惊矣。刘道原之子羲仲亦曰："先人在书局，止类事迹，勒成长编，其是非予夺之际，一出君实笔削。"① 故诸人为其博，温公为其精。博则惟恐一书之未采，不惮空行以备黏补；精则惟恐一事之或诬，不惮参定以作考异。其进表所谓"研精极虑，穷竭所有，日力不足，继之以夜，编阅旧史，旁采小说，简牍盈积，浩如烟海，抉摘幽隐，校计毫厘"也者，盖无一字而非实录。元初余姚徐氏藏有温公修永昌元年《通鉴》草一纸，柳贯见而跋之，谓纸上凡四百五十三字，无一笔作草②。黄溍亦有跋云："作字方整，未尝为纵逸之态。"③ 而此书草稿之在洛阳者盈两屋，黄庭坚尝阅数百卷，讫无一字草书④，则又不但永昌元年为

---

① 《通鉴问疑》。
② 《柳待制文集》。
③ 《黄学士文集》。
④ 《通考》引《李巽岩集》。

然。信乎"平生精力，尽于此书"①！其成书二载，便归奄谢，固有以矣！

助修诸公，如修书手帖所云，既共知隋以前由贡父，梁以后由道原，而唐事之掌诸淳甫矣。然公子康之告诸晁说之者，则曰："此书之成，盖得人焉，《史记》、前后汉则刘贡父，三国历九朝而隋则刘道原，唐迄五代则范淳甫。"如所言，则贡父所职但为二汉，道原所职在魏至隋，而淳甫兼包五代，不止一唐。故二者颇有参差。

全氏祖望作《通鉴分修诸人考》，专主以手帖所云为信，而又谓道原虽分修五代，实则全局副手。余按温公手帖所云，书局初规，实系如是。当时，三人各修长编，必皆依此范围。刘道原所修者虽为五代长编，顾于魏晋南北朝修书义例，亦常与公往复相难。熙宁九年身诣洛阳，讨论必更宏富。其子羲仲因侍疾家庭，备闻余论，因纂集其语，以作《通鉴问疑》。今其书见存，所商皆三国至隋之事。则知贡父所掌，虽为由汉迄隋之长编，然一则贡父中途罪黜，其所职之成否尚不可知；二则即使成编，而讨论修正之有资于道原者必不在少。故司马康所云乃是核实之谈，与初分之范围无涉也。道原尝著《十国纪年》，其所任者自必为五代长编。温公《十国纪年序》，所谓

---

① 《进书表》语。

"每呻吟之际,辄取书修之"者,谓修五代长编也;又谓"病益笃,乃束书归之局中"者,谓以未完之五代长编归书局也。《温公集》卷六十二有《与刘道原书》,亦有"道原五代长编,若不费功,计不日即成"之语,可谓确证。道原未了之事,淳甫完之,故司马康曰"唐迄五代则范淳甫",是亦与初分之范围无涉也。故温公手帖及子康告晁说之语,一示长编分修之范围,一明实际得力之所在,看似抵牾,无妨并存。

但有不可不知者,诸公以相从之久言,自当推淳甫为最。以用力之勤言,则又当推道原为最。此非漫说,有实例在:

一、温公乞官刘恕一子札子云:"臣往岁初受敕编修《资治通鉴》,首先举恕同修。恕博闻强记,尤精史学,举世少及。臣修上件书,其讨论编次,多出于恕。至于十国五代之际,群雄竞逐,九土分裂,传记讹谬,简编缺落,岁月交互,事迹差舛,非恕精博,他人莫能整治。所以攽等众共推先,以为功力最多。"

二、刘羲仲《通鉴问疑》云:"君实访问先人疑事,每卷不下数条,议论甚多,不能尽载,载其质正旧史差谬者。……君实寓局秘阁,先人实预讨论。君实与先人皆以史自负,同心协力,共成此书,曰:'光之得道原,犹瞽师之得相者也。'范纯夫、刘贡甫、司马公休亦推先君功力最多。……君实始成《通鉴》,以先人遗言,求《通鉴》定本,乃录其本以付其家,而告羲仲曰：'先君子临终时遗言，恨不见书成；而此书之成，先君子力居多。他日须有从足下求之者，若欲传录，但传予之。非独区区之恳，亦先君子之志也。'"

观此二例所云，足知此书彻头彻尾，无不有道原参讨之助力。全祖望曰："温公平日服膺道原，其通部义例多从道原商榷，故分修虽止五代，而实系全局副手。"斯为得之。此又言《通鉴》编集经过者所当知也。

四、书成之后事

元丰七年十二月戊辰，当奉敕编集后十九年，《资治通鉴》成。上起战国，下终五代，凡一千三百六十二年，修成二百九十四卷。又略举事目，年经国纬，以备检寻，为《目录》三十卷。又参考群书，评其同异，俾归一途，为《考异》三十卷。合为三百五十四卷。

光表奏上之，且曰："臣违离阙庭，十有五年，虽身处于外，区区之心，朝夕寤寐，何尝不在陛下之左右！顾以驽蹇，无施而可，是以专事铅椠，用酬大恩。庶竭涓尘，少裨海岳。臣今骸骨癯瘁，目视昏近，齿牙无几，神识衰耗，目前所为，旋踵遗忘，臣之精力，尽于此书。伏望陛下清安之暇，时赐省览，监前世之兴衰，考当今之得失……俾四海群生，咸蒙其福，则臣虽委骨九泉，志愿永毕矣！"书闻，降诏奖谕，赐银帛、衣带、鞍马。又谕辅臣曰："前代未尝有此书，过荀悦《汉纪》远矣！"迁光为资政殿学士，范祖禹为秘书省正字。时刘恕已卒，刘攽坐废黜，故不及。既而温公又进札子，以刘恕功力最多，不幸早夭，不见书成，未死之前，未尝一日舍书不修，今书成奏御，臣等皆蒙恩褒赏，独恕一人不得霑预，良可矜闵；乞用黄鉴、梅尧臣例，除一子官，庶平生苦心竭力不为虚设。诏录其子羲仲为郊社斋郎。

先是，书奏之明日，辅臣亟请观焉。神宗出而示之，每编始末，识以睿思殿宝章，以尊宠之。遂命付三省，仍令速进入。元丰八年九月十七日，哲宗诏令范祖禹、司马康用副本，重行校定闻奏。元祐元年，温公当国，以范祖禹近差充修《神宗实录》检讨官，奏荐秘书省校书郎黄庭坚与祖禹、康同校《资治通鉴》，从之。是年九月，丙辰朔，尚书左仆射兼门下侍郎司马光卒。十月，国子监奏敕镂版于杭州；七年，《通鉴》版成，诏诸州安抚钤辖司，并西京、南京各赐《通鉴》一部，又诏以一部赐刘恕家。

绍圣初，章惇柄用，既追夺司马光等赠谥，继又各加追贬，范祖禹等亦边州安置。继有欲请毁《资治通鉴》版者，太常博士陈瓘因策士题引神宗所制序文以问，言者议沮，得不毁。

- 第三章 -

《通鉴》之史料及其鉴别

一、《通鉴》之史料来源

初，司马温公之受敕编集也，既置局崇文院中，又许借龙图阁、天章阁、三馆秘阁书籍，给吏史笔札以重其事。故谢表有云"尚方纸墨，分于奏御之余；内阁图书，从其假借之便"是也。龙图阁藏太宗御制，天章阁藏真宗御制，虽略有典籍，而不为大宗。宋沿梁制，以史馆、昭文馆、集贤院为三馆，旧在右长庆门东北，庐舍十余间，仅蔽风雨，嚣隘已甚。太平兴国三年，改建三馆于左升龙门东北，命曰崇文院，迁旧馆之书以实之。端拱元年，诏就崇文院中堂建秘阁，择三馆真本书籍万余卷别藏于阁。景祐初，诏编四库书，仿《开元四部录》为《崇文总目》，庆历初书成，凡三万六百六十九卷。凡昭文、史馆、集贤、秘阁所藏图书，皆著录焉。此神宗以前宋代官府藏书之大略也。今欲明《通鉴》之史料，则《崇文总目》所列诸书，凡属史部之科，自无不在搜采之域。其次，熙宁四年，神宗于赐名冠序而外，又赐以颖邸旧书二千四百二卷。此二千余卷中，史料所涉，稽览必加焉。其次则温公自藏之书，或假借于私家书库者也。温公有此凭借，资粮已富，犹复多方甄综，以求无憾。故《考异》中所见参考书目，有在《崇文总目》外者。物常聚于所好，岂不然欤！

顾温公之采获诸书也，未尝如近人著述，自列参考书目。仅《四库提要》引高氏《纬略》谓："《通鉴》采正史之外，其用杂史诸书，凡二百二十二家。"今《考异》中所见，才二百余种，欲补列为目，正未易也。虽然，列不列亦何关得失？所当晓者，温公忠于是书，务求博备之意而已。章太炎曰："袁宏生东晋之季……所据有谢承、华峤、司马彪、谢沈诸家之书，点窜抉摘，极费苦心。故其自序言经营八年，疲而不能定也。……《通鉴》成书较袁《纪》更难。荀《纪》所载不过二百年事，袁《纪》不及二百年，《通鉴》则综贯一千三百六十余年之事。采摭之书，正史而外，杂史多至三百三十二种。此一千三百六十余年中，事迹纷乱，整齐不易。荀《纪》点窜班《书》，无大改易，事固易为；袁《纪》略有异同，而当时史籍尚寡，不难考校。自三国至隋，史家著述，为数綦众，观《三国志》裴注征引者，已有十余家。裴尚仅以陈寿为主，其余诸家不甚依据。温公则兼收并蓄，不遗巨细，两晋《书》外，有王隐等十余家书，温公多采之。又如五胡十六国，事迹最为纷乱，而《通鉴》所叙，条理秩然，皆可以见其书功力之深也。"①按章氏以功力推温公，可谓知言。而"兼收并蓄，不遗巨细"八字，尤道出是书特点之所在。惟王隐等十余家《晋书》，宋人书目皆不载，盖其时已佚。《通志》兼存佚书，故隐等所著亦备列焉，不足据也。

今以《通鉴考异》所见书名为主，分十类以究温公探索所至，兼明去取之由：曰正史，曰编年，曰别史，曰杂史，曰霸史，曰传记，曰奏议，曰地理，曰小说，曰诸子。

（一）正史

正史规模阔大，义据通深，有均衡之叙述，有完整之体例。正史外之九类，譬犹道听涂说，止可兼采，不可独任。其年月情事，及其相关之人物地理，尤必赖正史以折中，乃可决所传之然否。岂如正史，以实录为底本，经累任史官之搜讨与编集，易代而后，复加修讨，其难其慎，十倍它书。故其为书也，小节纵有挂漏，大端绝无舛失。其或以新朝之臣，修旧朝之史，阿新诬旧，不免失中；又或南北分疆，同记一事，主奴之见，出入滋多。此等情形，温公有以史证史之法，一弃一取，必期允协。其弃取之故，则于《考异》中详言之。而正史中本纪数

---

① 见一九三七年五月十八日《大美晚报·历史周刊》所登章氏演讲稿。

卷，凡大政事、大制作之始终兴废，以及号令征伐、生杀封拜、巡幸朝聘，与夫天文现象之大者，皆仿《春秋》之体，以年月为次，而书以简质之辞。故本纪在全书中，为大政之提纲，实无异乎一雏形之《资治通鉴》。温公系年书事，则首取焉以为全书之轮廓；其所未详，则参取诸志所载，及列传之有关系者，而剪裁荟萃以入之。有未核者，则参考年表所列，及他史中时代相当之本纪，又编年书中时代相当之部分，以为是正。故高似孙论《资治通鉴》，以为一事常用三四处出处纂成，又曰："不观正史精熟，未易决《通鉴》之功绩也。"①

温公所见正史，据《考异》所引，备列于下：

司马迁《史记》一百三十卷

班固《汉书》一百卷

司马彪《续汉书》八十三卷

谢承《后汉书》一百三十卷

刘昭《补注后汉志》三十卷

范晔《后汉书》九十卷

王沈《魏书》四十八卷

韦昭《吴书》五十五卷

陈寿《三国志》六十五卷

王隐《蜀记》七卷

---

① 《通考》引。

唐太宗《晋书》一百三十卷

沈约《宋书》一百卷

萧子显《南齐书》六十卷

姚思廉《梁书》五十六卷、《陈书》三十六卷

魏收《后魏书》一百三十卷

李百药《北齐书》五十卷

令狐德棻《后周书》五十卷

颜师古《隋书》八十五卷

李延寿《南史》八十卷、《北史》一百卷

刘昫《旧唐书》二百五十卷①

欧阳修、宋祁《新唐书》二百五十五卷②

薛居正《旧五代史》一百五十卷

欧阳修《新五代史》七十四卷

列朝正史，其价值在本质上原有等差，故温公作《通鉴》，于采取中常寓别择之意。

章太炎曰："统观《通鉴》所采，西汉全采《史》《汉》，东汉采范《书》十之七八，魏晋至隋采正史者十之六七，唐则采正史者十不及五③，至五代则全据薛《史》。"此章氏通览全书而为言也。愚按《考异》所见，东汉史之传于宋者，尚有司马彪、

---

① 当作二百卷。——编者注
② 卷数疑从《宋史·艺文志》，或误。今本作二百二十五卷。——编者注
③ 原注：温公于《旧唐书》亦不甚满意。

谢承、刘昭诸家，而温公所取范史为多；三国史事，王沈、韦昭二家，其体亦同正史，而温公所取，陈《志》为多。此等亦皆见别择之意。又《晋书》作者都十余家，而《考异》所见，惟唐太宗御撰一种，此必其时王隐、臧荣绪诸史皆已不存。不然，以温公实事求是之态度，王隐诸书，未必一无所取。即使唐修《晋书》优出前人，则多取可耳，岂得全据之哉？

章氏又曰："南北朝史均病夸大，而《魏书》尤甚。《魏书》而外，《周》《齐》二书亦为夸大，赖李延寿作《南》《北史》，稍为减杀。是故整理南北朝史，殊非易事。"愚按此事温公尝自言之，与刘道原书曰："光少时惟得《高氏小史》读之，自宋讫隋，正史并《南》《北史》①，或未尝得见，或读之不熟。今因修南北朝《通鉴》，方得细观，乃知李延寿之书，亦近世之佳史也。虽于机祥诙嘲小事无所不载，然叙事简径，比于南北正史，无烦冗芜秽之辞。窃谓陈寿之后，惟延寿可以亚之也。渠亦见当时众人所作五代史不快意，故别自私著此书也。"读此知温公对于李书所取者，叙事简径，所不取者，机祥诙嘲。朱子《语录》曰："《南》《北史》除了《通鉴》所取者，其余只是一部好笑底小说。"斯为得之。

至于唐及五代，正史皆有新旧二种，而《新唐书》《新五代史》温公皆不甚采择。晁公武曰："永叔学《春秋》，每务褒贬；

---

① 按当时尚不以《南》《北史》为正史，故云。

子京通小学，惟刻意文章。"谓《新唐书》也。《新五代史》为欧公一手撰成，其书所含头巾气亦愈甚，故温公皆寡取焉。余谓唐、五代去宋不远，私史及小说家言，数倍前代，其书皆存，温公于此等书，苟有可录，亦不敢忽。以是之故，非惟欧、宋寡取，即刘、薛亦非专主也。

又《通鉴》所用史文，有全不与今本合者。故叶廷琯《吹网录》有一条云："温公所据《梁书》《魏书》有别本。"此虽琐末，亦足征当时甄采所及，务求该博之意。

（二）编年

编年之书，《隋书·经籍志》以为体同《春秋》，乃古史记之正法，谓之古史。以余所闻，盖滥觞于《谍记》，具体于《竹书》，神明其用于《春秋》，浩博其量于《左氏》。《左氏》以后，中绝者有年，作者皆以班、马为圭臬，至荀悦而复绍焉。然以方诸纪传，则斯体犹甚孤微。特代有作者，不至旷绝耳。梁武帝敕群臣，自太初以终齐室，撰《通史》六百二十卷。后魏宗室元晖，起上古终宋，著《科录》二百七十卷。二书虽不纯用编年，然庶乎可谓心温公之心者，然皆佚去不传。其传者如皇甫谧《帝王世纪》，则年代名字，多半子虚，不可为典要。温公之书所由不能已也。观《考异》所引，自荀悦、袁宏两《汉纪》以降，下迄五代，系年之书，代不一种。《通鉴》体遵《左传》，则此等书乃其骨干。李焘所谓先使其寮采摭异闻，以年月日为丛目者,逆计系年诸书,必在先采之例;其继作长编,乃取正史诸传所载情事之详以为血肉,断断然矣。故有编年诸书而后骨干立,有纪传诸书而后情事具。《通鉴》资料,二者为多。

惟《考异》所见诸籍,今多不存,编年尤甚。下之所列,虽据隋、唐、宋四部正史经籍、艺文志之所著录,《通志》《通考》亦不敢忽。但所入之目,颇有小差,篇卷名氏,亦复间有彼此。以是之故,有不敢自保其必皆为编年者。参校之余,期于语必有征而已。书名列下:

《竹书纪年》三卷①

荀悦《汉纪》三十卷

袁宏《后汉纪》三十卷

张璠《后汉纪》三十卷

袁晔《献帝春秋》十卷

乐资《山阳公载记》十卷

胡旦《汉春秋》一百卷

鱼豢《魏略》五十卷

孙盛《魏氏春秋》三十卷②、《魏阳秋异同》八卷、《晋阳秋》三十卷③

---

① 据《宋史》,盖当时廑存之数。
② 据《隋书·经籍志》,当作二十卷。——编者注
③ 《隋书·经籍志》作三十二卷,《新唐书·艺文志》作二十二卷,《宋史·艺文志》作三十卷。——编者注

习凿齿《汉晋春秋》五十四卷

干宝《晋纪》二十三卷

胡冲《吴历》六卷

张勃《吴录》三十卷

杜延业《晋春秋略》二十卷

王韶之《晋纪》十卷

裴子野《宋略》二十卷

沈约《齐纪》二十卷

萧韶《梁太清纪》十卷

元行冲《后魏国典》三十卷

丘悦《三国典略》二十卷

柳芳《唐历》四十卷

焦璐《唐朝年代纪》十卷

程匡柔《大唐补纪》三卷

陈岳《唐统纪》一百卷

陈彭年《唐纪》四十卷

贾纬《唐年补遗录》六十五卷

范质《五代通录》六十五卷

诸书皆见《考异》，惟鱼豢、干宝但录其议论，而《考异》未及，余考二人于魏晋事，各有述作，则虽未见《考异》，而其为温公采摭所至，则无疑也。

孙盛、习凿齿之书，皆负重名，孙盛之《魏阳秋异同》，亦犹《通鉴》之有《考异》，足以见著书之矜慎，而今皆久佚。有温公之采获，又各存其史论至于三四，亦足以释学人之憾。

裴子野史论存录至十一篇，则《宋略》之见重温公又不待言也。

萧韶《太清纪》，温公之子康谓其时有足采。按此书止纪太清元年至六年之事，以其书建邺围城中史实，皆所亲见，故《通鉴》多采之，而亦颇斥其虚美，以韶西奔江陵，有不免党于萧绎也。

丘悦《三国典略》，《崇文总目》谓其起西魏而终后周，而东包魏、北齐，南总梁、陈，乃以关中、邺都、江南为三国者。今观《典略》之见于《考异》，实自梁中大通六年魏主伐高欢始，至陈天嘉四年周与突厥木杆可汗连兵伐齐事止。西魏之起诚然，后周之终未尽，盖温公所据为残本，与《崇文总目》所谓卷第多遗者正同。更观《考异》所云，则《通鉴》亦不尽从此书，惟事包三国，参证每及之耳。

唐代编年书最多，而司马康历数温公所采诸书，独谓柳芳《唐历》为最可喜。晁公武曰："初，肃宗诏芳缀缉吴兢书①，其叙天宝后事不伦。上元中，芳谪黔中，会高力士同贬，因从力士质开元、天宝及禁中事，识其本末。时旧史送官，不可追刊，乃推衍义类，仿编年法作此书，起隋义宁元年，迄大历十三年。

---

① 按谓兢所撰国史也。

芳善叙事，或讥其不立褒贬义例，而详于制度，然景迁生亟称之，以为《通鉴》多取焉。"①玩晁氏此文，知柳书有核实之长，有善叙事之长，有不效俗儒强学《春秋》褒贬之长。温公以为可喜而多取之，宜也。李焘亦曰："本朝欧阳修、宋祁修唐纪、志及传，司马公修《资治通鉴》，掇取四十卷中事几尽。"又曰："《资治通鉴》往往以《唐历》辨证牴牾，见于《考异》者无虑百十余，而此皆无之。……零落至此，亦可惜也！"②观李氏所云，又可知温公掇取之多，及南宋时阙亡之甚。然既经温公之掇取，其未录者，仅属异闻嘉话之类③，而《通鉴》又采其论房玄龄一则，则是书今虽不传，可无多憾。

陈岳《唐统纪》，事尽武后；焦璐死于庞勋之乱，其所为《唐朝年代纪》止于宣宗。故二者皆阙唐末史事，与《唐历》同。

幸后晋贾纬有《唐年补遗录》，自武宗以至济阴废帝，采访遗文，兼询耆旧，以成六十五卷之书，足补实录之阙。

而明续焦书者，又有南唐程匡柔之《唐补纪》，温公屡斥其党于宦官，要亦晚出之佼佼者也。

陈彭年、范质二家之书，成于宋时，而温公不废采取者，则以陈书包并全唐，范书包并五代，用心皆勤，于史事亦颇有斟酌，故有取焉。《通鉴》既为编年之书，则凡先《通鉴》而

---

① 《通考》引。
② 《通考》引。
③ 亦李焘语。

用此体者，固温公所不敢忽也。

编年之书，谱谍亦重，凡年号、世系、气朔之属，皆须考合以求其是。此在编年家已成先决问题。稽之于古，左氏本太史，知星历；史迁亦然，其考三代事，复兢兢于《谍记》之详略；班固作《汉书》，虽不主于编年，而十志犹以《律历》居首；杜预舍《世本》，置《长历》，即无以注《左传》。温公《通鉴》直接丘明，谱录之书自不敢忽矣。兹举其见于《考异》者，而附于编年之末：

《长历》十四卷①

柳璨《正闰位历》二卷②

薛珰《唐圣运图》一卷③

僧一行《唐大衍历议》十卷

李昉等《历代年号》一卷

韦庄美④《嘉号录》一卷

宋庠《纪年通谱》十二卷

龚颖《运历图》六卷

---

① 无撰人。
② 据《崇文总目》《新唐书·艺文志》《通志·艺文略》，当作三卷。——编者注
③ 据《崇文总目》《新唐书·艺文志》《通志·艺文略》，当作二卷。——编者注
④ 《资治通鉴》作韦庄美，《宋史·艺文志》作韦光美，然据《新唐书·艺文志》《通志·艺文略》，或当作韦美。——编者注

(三) 别史

正史、编年之外,目录家又创别史、杂史之名。张之洞《书目答问》为发其凡,以官撰及其原本正史重为整齐,关系一朝大政者入别史,以私家记录中多碎事者入杂史。今次《通鉴》参考书,亦用其例,而不尽以官撰、私录为彼此,惟以大政与碎事为区别之标准而已。书名列下:

刘珍《东观汉记》八卷[①]

《汉献帝起居注》五卷[②]

刘艾《典略》[③]

温大雅《大唐创业起居注》三卷

房玄龄《高祖实录》二十卷

许敬宗《太宗实录》四十卷

刘知几《高宗实录》三十卷

吴兢《则天实录》二十卷、《中宗实录》二十卷

刘知几《太上皇实录》十卷、《睿宗实录》十卷

元载《玄宗实录》一百卷、《肃宗实录》三十卷

令狐峘《代宗实录》四十卷

沈既济《建中实录》十卷

裴垍《德宗实录》五十卷

---

① 当时仅存之卷数如此,见《宋史》。
② 不著撰人。
③ 书名据《考异》,无卷数,《宋史》及众家目皆不著录。

韩愈《顺宗实录》五卷

路隋等《宪宗实录》四十卷、《穆宗实录》二十卷

李让夷《敬宗实录》十卷

魏謩《文宗实录》四十卷

宋敏求《武宗实录》二十卷[①]、《宣宗实录》三十卷、《懿宗实录》二十五卷、《僖宗实录》三十卷、《昭宗实录》三十卷、《哀宗实录》八卷

苏冕《会要》四十卷

崔铉《续会要》四十卷

王溥《唐会要》一百卷

韦昭度《续皇王宝运录》十卷

凌璠《唐录政要》十二卷

欧阳炳《唐录备阙》十五卷

郗象《梁太祖实录》三十卷

敬翔《大梁编遗录》三十卷

张昭远《梁列传》十五卷[②]

赵凤《唐献祖纪年录》二卷、《懿祖纪年录》一卷、《太祖纪年录》十七卷、《庄宗实录》三十卷

姚顗《明宗实录》三十卷

[①] 本韦保衡撰,凡三十卷,五代时残缺只存一卷,此据《宋史》,乃宋人所追辑者也。以下同。

[②] 即《考异》所谓崇文院《梁功臣列传》。

张昭《废帝实录》十七卷、《愍帝实录》三卷

窦贞固《晋高祖实录》三十卷、《少帝实录》二十卷

苏逢吉《汉高祖实录》二十卷

张昭《隐帝实录》十五卷、《周太祖实录》三十卷

王溥《世宗实录》四十卷、《五代会要》三十卷

王皞《唐余录》六十卷

陶岳《五代史补》五卷

王禹偁《五代史阙文》一卷

高峻《小史》一百二十卷

《东观汉记》为官修之书，史臣继续载笔，至灵帝朝止，都一百四十余卷，体例与正史同。自华峤、范晔诸家采以为书，《东观》之学浸微，至宋而仅存八卷。温公所参，特一二事而已。

《典略》见于《考异》者，为献帝时事。按《新唐书·艺文志》，艾有《汉灵献二帝纪》六卷，意《典略》所记，或亦以二帝朝事为范围。《隋志》及《旧唐志》皆有《典略》，题鱼豢撰，此当缘豢有《魏略》而致误，其实即艾书也。

起居注之名起于东汉，实录之名起于萧梁，会要之名起于唐代，三者皆史臣所为。而起居注为近侍记言记动之书；实录仿编年之体，以起居注为原料，参以宰执奏对之语、百司移报之文，及臣僚家属所上之墓碑行状，每一帝殂，则修之以备国史；会要专载一代经制，又政书之渊海也。温公修书之顷，唐

及五代实录、会要咸备。实录原止文宗，武宗仅存一卷，以下诸帝咸未修，至宋初而宋敏求补成之。《会要》苏冕所撰者止代宗朝，崔铉所续者止宣宗朝，至宋初而王溥足之为一百卷。

其他私家撰著，若韦昭度、凌璠、欧阳炳、陶岳、王禹偁诸家，皆有补苴正史之意，故皆附于别史之末。

敬翔《编遗录》，明为补《太祖实录》之阙，《通鉴》尤多从之。

王皞者，宋宰相曾之弟，《唐余录》乃皞奉诏所修，专为芟五代旧史繁文而作，本纪、志、传咸具；又博采诸家，仿裴松之体，附注其下①。是时欧《史》未出，此书与薛《史》在鲁卫之间，而今亡矣。郑樵《艺文略》入之唐代编年史中，实则既非编年，又非唐事，所谓"见名不见书"也。

上所列者，实录尤推重要，斯乃《东观》之遗法，正史之底本，一切诏令章奏未删之初形；而年经事纬，尤与《通鉴》长编相类，考按年月，亦惟实录所系可以折中。凡《新》《旧唐书》与实录抵触者，观《考异》所云，多从实录。正史尚然，则百家杂说之不逮实录，更不待言。假令温公编集之时，仅资正史及杂史数百家，而无实录，则其精审之程度，犹能如今所见者否，未可知也。有《建康实录》者，唐许嵩撰，起吴而终陈，追次南朝六代四百年间之事，编年附传，用实录体，而与

---

① 据《通考》引晁、陈二氏说。

唐以后史臣所修之实录实非一类。晁氏讥其顺帝以后复为纪传而废编年，又常有重复抵牾之处，至于名号称谓，亦绝无法。其烦而多失如此，故温公子康品为自邻无讥。《考异》中未曾一见，盖以其无足取也。

高峻《小史》，史钞之类，而温公重之，不更列目，附列于此。

（四）杂史

杂史之目，昉于《隋书》。其说以为"灵、献之世，天下大乱，史官失其常守。博达之士愍其废绝，各纪闻见以备遗亡，是以群才景慕，作者甚众"。

煦侯案：观裴松之注《三国志》，所引一时杂史之多，足见一斑，盖野史之流也。自汉及唐，记录相望，其中有总一代或一帝数帝，而杂书其时之朝事或异闻者；有就一事一役或某一方面，而详写其由来及经过者；有以一官署一职掌为范围，而志其故实及轶闻者；又有就一人之家世言行加以追叙，补史册所不载者。出入之际，往往不甚可分，目录家病之。今兹所列，以最后一类入传记，余三者统入本目。书名如下：

葛洪《西京杂记》二卷

司马彪《九州春秋》十卷

王粲《汉末英雄记》十卷

郭颁《魏晋世语》十卷

裴矩《隋开业平陈记》十二卷

赵毅《大业略记》二卷[①]

杜宝《大业杂记》十卷

杜儒童《隋季革命记》五卷

刘仁轨《河洛行年记》十卷

韩昱《壶关录》三卷

吴兢《太宗勋史》一卷、《贞观政要》十卷、《开元升平源记》一卷

韩琬《御史台记》十二卷

马总《唐年小录》八卷

张鷟《朝野佥载》二十卷

武平一《景龙文馆记》八卷

韦述《集贤注记》三卷

郑审《天宝故事》

郑綮《开天传信记》一卷

郑处诲《明皇杂录》二卷

姚汝能《安禄山事迹》三卷

温畬《天宝乱离西幸记》一卷

宋巨周《玄宗幸蜀记》一卷

[①] 据《旧唐书·经籍志》《新唐书·艺文志》《通志·艺文略》,当作三卷。——编者注

平致美《蓟门纪乱》①

包谞《河洛春秋》二卷

凌准《邠志》三卷

沈既济《江淮乱纪》一卷②

李肇《国史补》二卷③

谷况《燕南记》三卷

崔光庭《德宗幸奉天录》一卷

徐岱《奉天记》一卷

袁皓《兴元圣功录》④、《功臣录》三十卷

林恩《补国史》五卷⑤

薛图存《河南记》一卷

郑澥《凉国公平蔡录》一卷

李德裕《次柳氏旧闻》一卷、《西南备边录》一卷、《异域归忠传》二卷、《文武两朝献替记》二卷⑥、《会昌伐叛记》一卷

---

① 史志不见著录。
② 《考异》作《刘展乱纪》,此从《宋史》。编按,《宋史·艺文志》作《江淮记乱》。
③ 当作三卷。——编者注
④ 据《崇文总目》《新唐书·艺文志》,当有三卷。——编者注
⑤ 《崇文总目》《通志·艺文略》作六卷,《新唐书·艺文志》作十卷,《宋史·艺文志》作五卷。——编者注
⑥ 据《崇文总目》《新唐书·艺文志》《通志·艺文略》,当作三卷。——编者注

杨时《开成纪事》二卷①

《太和摧凶记》一卷

《野史甘露记》二卷②

李潜用《乙卯记》一卷

高彦休《唐阙史》三卷

令狐澄《贞陵遗事》二卷

柳玭《续贞陵遗事》一卷

裴廷裕《东观奏记》三卷

樊绰《蛮书》十卷

郑言《平剡录》一卷

裴旦《李太尉南行录》③

孙樵《彭门纪乱》三卷

张云《咸通庚寅解围录》一卷

《玉泉子见闻真录》五卷

尉迟偓《中朝故事》二卷

张彭《续锦里耆旧传》二十卷④

王坤《惊听录》一卷

郑廷诲《广陵妖乱志》三卷

---

① 《崇文总目》《通志·艺文略》作三卷,《新唐书·艺文志》《宋史·艺文志》作二卷。——编者注
② 上二书皆不著撰人。
③ 史志不见著录。
④ 据《通志·艺文略》《宋史·艺文志》,当作十卷。——编者注

李巨川《许国公勤王录》三卷

韩偓《金銮密记》五卷

阎自若《唐末泛闻录》一卷

秦再思《洛中纪异》十卷

范质《晋朝陷蕃记》四卷

王保衡《晋阳见闻要录》一卷

《乾宁会稽录》一卷

《唐末三朝见闻录》八卷①

皮光业《皮氏见闻录》八卷②

观上所列，足证唐代杂史之多，而传记及小说犹不在本目。其间辨正然否，亦何容易。无惑乎胡三省谓《考异》三十卷，而唐事居其大半也。

杂史之当采与否，论者不一。真宗敕编《册府元龟》，唯取六经子史，不录小说杂书。《资治通鉴》则正史而外，采杂史凡三百二十二种。洪迈《容斋随笔》卷十一，有一条尝论其事曰：

> 真宗初，命儒臣编修君臣事迹，谓辅臣曰："所编事

---

① 上二书皆不著撰人。
② 《崇文总目》《通志·艺文略》《宋史·艺文志》作十三卷，《郡斋读书志》《文献通考·经籍考》作五卷，未见八卷之记载。又本书重出于小说类，作五卷。——编者注

迹，盖欲垂为典法，异端小说，咸所不取……"编修官上言："近代臣僚自述扬历之事，如李德裕《文武两朝献替记》、李石《开成承诏录》、韩偓《金銮密记》之类，又有子孙追述先德，叙家世，如李繁《邺侯传》、《柳氏叙训》、《魏公家传》之类，或隐己之恶，或攘人之善，并多溢美，故匪信书。并僭伪诸国，各有著撰，如伪《吴录》、《孟知祥实录》之类，自矜本国，事或近诬，其上件书，并欲不取。余有《三十国春秋》《河洛记》《壶关录》之类，多是正史已有。《秦记》《燕书》之类，出自伪邦。《商芸小说》①《谈薮》之类，俱是诙谐小事。《河南记》《邠志》《平剡录》之类，多是故吏宾从述本府戎帅征伐之功，伤于琐碎。《西京杂记》《明皇杂录》事多语怪，《奉天录》尤是虚词。尽议采取，恐成芜秽。"并从之。及书成，赐名《册府元龟》。首尾十年，皆王钦若提总，凡一千卷。其所遗弃既多，故亦不能暴白。如《资治通鉴》则不然。以唐朝一代言之，叙王世充、李密事用《河洛记》，魏郑公谏争用《谏录》，李绛议奏用《李司空论事》，睢阳事用《张中丞传》，淮西事用《凉公平蔡录》，李泌事用《邺侯家传》，李德裕太原、泽潞、回鹘事用《两朝献替记》，大中吐蕃尚婢婢之事用林恩《后史补》，韩偓凤翔谋画用《金銮密记》，平

---

① 《宋史》作殷芸，此作商者避宋讳耳。

庞勋用《彭门纪乱》,讨裴甫用《平剡录》,记毕师铎、吕用之事用《广陵妖乱志》,皆本末粲然。然则杂史、琐记、家传,岂可尽废也?

煦侯案:容斋之论审矣。然《册府元龟》不取杂史,亦非无故。盖有温公之识,则可参用。识不足以鉴别之,小则繁猥,大则害实。温公能参考不可尽信之书,而取其可信部分,此《通鉴》之所以为卓也。且《册府元龟》编修官所言,温公非不知之。温公编集唐事,至敬、穆之际,朋党相争,虽实录所书,亦多不肯置信,况野史之纷纷者乎?洪容斋专举温公采撮杂史之处,今请亦以唐代为限,而更举其不用者。如元文都谋诛王世充,《通鉴》不用《河洛记》宫中为皇姨故亦遣使报充之说;玄宗幸东都,《通鉴》不用《明皇杂录》命高力士觇姚崇所为之说;登泰山亦不用《开天传信记》亲乘白骡,及下山骡死,谥曰白骡将军之说;杲卿讨贼,《通鉴》不用《河洛春秋》包处遂上书促成之说,而屡斥包谓归功其父之诬词;玄宗幸蜀,《通鉴》不用《幸蜀记》以西幸本谋出于韦见素之说,而断言见素为杨国忠私人,必无廷争帝前之事。又如《大业杂记》《朝野佥载》《壶关录》《唐阙史》《献替记》《续皇王宝运录》《中朝故事》《贞陵遗事》《平剡录》《许国公勤王录》等书,《通鉴考异》皆曾斥其谬误,或抉其偏私而不取其说。至于行状家传之类,温公酌用之际,尤极矜慎,其例容于传记目中详举之。则是《册府元龟》所不敢便用诸书，读《考异》而知温公初亦未尝径用。《容斋随笔》专表彰温公能用诸书，亦止见一面而已。必合吾所举不用各条观之，而后乃得其全也。

（五）霸史

霸史之名，亦始《隋志》。其说以为"自晋永嘉之乱，九州君长据有中原者甚众。当时臣子，亦各纪录。后魏克平诸国，据有嵩、华，诸国记注，尽集秘阁"。《隋志》举见存者，爰立霸史之目。

煦侯案：《隋志》所举，皆五胡十六国之正史、杂史，自其体制及性质言，初与中原之史无别，而谓之霸史者，则有彼此之见存，著其为僭窃也。煦侯今所列，但用其名以示别白；偏正华夷，皆所未计。又前乎十六国者，有常璩之《华阳国志》，后焉者又有五代时之《十国纪年》等书，视中朝之史，皆有独立性，故亦附焉。书名如下：

常璩《华阳国志》十二卷

范亨《燕书》二十卷

崔鸿《十六国春秋》一百卷并《目录》又《十六国春秋钞》
　　一卷

萧方等《三十国春秋》三十一卷

李昊《蜀书》四十卷、《蜀后主实录》八十卷

毛文锡《前蜀王氏纪事》二卷

钱俨《吴越备史》十五卷、《吴越备史遗事》五卷、《忠懿王勋业志》三卷、《戊申英政录》一卷、《秦国王贡奉录》一卷、《钱氏庆系图谱》二十五卷、《家王故事》一卷、《故吴越五王行事》□卷

钱易《钱氏家话》一卷

徐铉《吴录》二十卷、《江南录》十卷

陈彭年《江南别录》四卷

高远《唐烈祖实录》十三卷

郑文宝《南唐近事》二卷、《江表志》三卷

蒋文恽《闽中实录》十卷

林仁志《闽中王氏启运图》三卷

余公绰《闽王事迹》一卷

陈致雍《闽王列传》一卷

胡宾王《刘氏兴亡录》一卷

丁璹《马氏行年记》□卷

曹衍《湖湘马氏故事》二十卷

曾颜《勃海行年记》一卷 [1]

王举《天下大定录》一卷 [2]

---

[1] 据《通志·艺文略》《宋史·艺文志》,当作十卷。——编者注

[2]《通志·艺文略》作十卷。《直斋书录解题》云:"书本十卷,今但为一卷,恐非全书也。"——编者注

路振《九国志》五十一卷

刘恕《十国纪年》四十二卷

五胡十六国之史,若《秦记》《凉书》之类,见于《隋志》者,总十余品;而温公参考所及,仅得范亨《燕书》一种,知宋时已为《十六国春秋》及《三十国春秋》所包并矣。司马康告其友晁说之,亦举二书为南北朝《通鉴》之重要参考书。章太炎曰:"五胡十六国事迹最为纷乱,而《通鉴》所叙,条理秩然。"①

煦侯案:苟无崔、萧二家之撰集,则其条理尚能如今日否,未可知也。五代之际,蜀、闽、吴越、南唐,记载皆有可观,湖南虽有丁、曹二家之书,而温公弗善也。《大定录》《九国志》《十国纪年》三书,皆汇合诸国而作,其包并诸国,记载一如崔、萧,而原书当时尚在,故温公得兼览焉。刘恕既撰《十国纪年》,又于书局中分职五代长编,整理纷错,得力为多。然据温公《考异》,间有不知《纪年》所据何书而弃之者。盖温公着手之时,恕已前卒,不及与于考论之事矣。

(六)传记(碑碣附)

正史诸传,记载之公者也。此目所聚,皆私家所撰,或合一郡一邑而为之,或专摭一人之轶事而为之,《隋志》谓之杂

---

① 同前注章氏讲稿。

传。温公所取，后者为多。公子康尝谓："唐以来稗官野史，暨夫百家谱录、正集别集、墓志碑碣、行状别传，幸多存而不敢少忽。"盖时代既近，则文字之所存必富。温公不以十余种正史为已足，而必以私家传记为拾遗补阙之资，虽一人一事，亦不敢忽。此《通鉴》之功所以得与正史并，而后世史钞一类之书，所以终为兔园中物，而万万不足与于著作之事也。本目所登，专以墓志、碑碣、行状、别传为限。书名列下：

《汉武故事》二卷

伶玄《飞燕外传》一卷

虞溥《江表传》五卷

《海内先贤行状》三卷[①]

华峤《谱叙》

贾闰甫《蒲山公传》三卷

魏徵《李靖行状》一卷

张大业《魏文贞公故事》六卷[②]

王方庆《文贞公事录》一卷

李邕《狄梁公家传》三卷

陈鸿《长恨歌传》一卷

殷亮《颜氏行状》一卷

---

① 不著撰人。
② 据《新唐书·艺文志》《通志·艺文略》，当作八卷。——编者注

李翰《张中丞外传》一卷

陈翃《汾阳王家传》十卷

李繁《相国邺侯家传》十卷

马宇《段公别传》二卷

柳玭《柳氏叙训》一卷

蔡京《王贵妃传》一卷

《昭陵六马铭》①

颜真卿《鲜于仲通碑》

沈颜《杨行密神道碑》

殷文圭《杨行密墓志》

游恭《杨偓墓志》

林崇禧《武威王马殷庙碑》

钱镠《封杭州西湖落星山伪诏刻文》

杨梦申《大汉都统追封定王刘继颙神道碑》

私家传状,侈陈先德,类多虚美,《册府元龟》之论,自不可刊;然此义温公非不知之,其于《邺侯家传》掇取虽多,而攻驳亦多。如《家传》记李、郭廷议征讨大计,迁延不决,肃宗面叱之,二人皆仆地云云,《考异》以为肃宗温仁,二公沉勇,必无此事。又《家传》记邺侯枕天子膝,《考异》以为事近戏谑,亦置不取。其最甚者,李繁欲取马燧平河中之功皆

---

① 以下碑碣。

归于其父,《考异》引而驳之,以为长安至晋阳千余里,其间辗转讽谕,上表兴师,事多如此,岂九日之内所能容,置而不取,最见高识。然繁书浮侈如此,而温公犹有取焉者,则以其知略过人,大节可重,以为《旧唐书》本传毁之太过,《家传》出于其子,虽难尽信,亦岂得尽不信?今择其可信者存之云尔。公于《邠侯家传》矜慎若此,平核若此,则它书可以推知。

盖有一书而仅采其一事者,如《李靖行状》,题魏徵撰,《考异》以为年代不接,必后人为之而托徵名者。又叙靖事极怪诞无取,惟称靖素与李渊有隙一事,可为据耳。

碑碣之类,公之采证,有细入秋毫者。隋末群雄薛仁果,诸书或作仁杲,骤难归一。公按《昭陵六马铭》有白蹄乌者,平薛仁果所乘。以金石证史,真可确然不疑。公益广用其法,于五季史文讹错不可究诘之处,每取杨、马、钱、刘诸国之石刻,考其所纪年月情事,或径用之,或于《考异》存其一说。刘恕博闻强记,于五代事尤精核,《通鉴》用《刘继颙神道碑》定刘旻病卒岁月,从刘恕说也。

(七)奏议(别集附)

奏议者,训诰之遗,史之记言者必取焉。隋唐诸志,不立专目,今从张之洞《书目答问》例,立之以统下列诸书,而众家之别集亦附焉:

陈寿《魏名臣奏事》四十卷

王琳《魏郑公谏录》五卷

《开元宰臣奏》□卷

蒋阶《李司空论事》七卷

赵元拱《唐谏诤集》十卷

李德裕《会昌一品集》二十卷、《外集》十卷①

《云南事状》一卷②

薛廷珪《凤阁书词》十卷

《繁钦集》③

《刘琨集》

《陈子昂集》

《张九龄集》

《韩愈集》

《柳宗元集》

《白居易集》

《权德舆集》

《陆贽集》

《刘禹锡集》

《杜牧集》

---

① 或当作《别集》十卷,《外集》四卷。——编者注
② 不著撰人。
③ 以下别集。

《罗隐集》

《孙樵集》

《元稹集》

《独孤及集》

《顾况集》

诸家奏议，当推魏徵、陆贽、李德裕三人所取最多，而李绛、白居易次之。

别集所取，有因考按年月而偶一用之者①，有因其人躬亲其事，而即取专以为证者②。惟韩愈、柳宗元、杜牧三家，存录特夥——愈取《争臣论》《谏佛骨表》《送文畅师序》，宗元取《梓人传》《种树郭橐驼传》，牧取《罪言》《战论》《守论》《注孙子序》；其史实之参证于三家集者，愈有《韩弘神道碑》《董晋行状》《张署墓志》《张彻墓志》《张中丞传后序》等，宗元有《周君墓碣》《阳公遗爱碣》等，牧有《崔郾行状》《窦烈女传》《张保皋传》《杭州南亭记》等。

《云南事状》者，不知撰人，《通志》注云："记唐末群臣奏议招辑云南蛮事。"故以附焉。

《权德舆集》，未取何等史实，以《通鉴·汉纪》曾引权氏之论，因列其书名。

---

① 如《繁钦集》。
② 如《刘琨集》。

（八）地理

地理之属于史部，目录家无异辞。诸史地理志，本温公所不敢忽。《通鉴》所纪，凡一代郡州建置之数，土宇分合之由，盖兢兢焉。至于鸠聚之功，不厌其夥，其多盖不胜列；其见于《考异》中者，则有下列诸书：

沈怀远《南越志》八卷

杨衒之《洛阳伽蓝记》五卷

梁载言《十道四蕃志》十五卷

吕述《黠戛斯朝贡图》一卷①

贾耽《皇华四达记》十卷

窦滂《云南别录》一卷

李繁《北荒君长录》一卷②

徐云虔《南诏录》三卷

乐史《太平寰宇记》二百卷

赵志忠《虏廷杂记》

诸书除梁载言、贾耽、乐史三家而外，以有关蛮夷者居多；蛮夷之中，又以南蛮事为多。樊绰《蛮书》，已见杂史类中；窦滂、徐云虔之书，所记亦皆云南绥抚之事。良由地介南荒，地

---

① 《通志·艺文略》作十卷，《宋史·艺文志》作一卷。《新唐书·艺文志》有《黠戛斯朝贡图传》一卷。——编者注

② 《崇文总目》《新唐书·艺文志》并作三卷，《通志·艺文略》作一卷。——编者注

志所不详，搜采所及，诚不厌其细也。

梁载言中唐时人，乐史则宋时人，赵志忠契丹降人，温公遇唐末五代事，有需参证者，则以近代之书为准。

《水经注》虽博赡，然所存古事，咸病细琐，故《考异》中未曾道。

其参考《洛阳伽蓝记》，乃撮记胡后兴作之盛，非以文字之华侈为长也。

又温公对于历代疆宇及州郡设置，诚为尽心，而小小舛失，时亦不免，得胡三省之注，而其憾乃弭。其详当别论之，兹姑从略。

（九）小说

小说为诸子十家之一，著录自《汉志》始。街谈巷议，道听涂说，是其特征。然其中亦雅有史料存，与杂史之目最近，故目录家于出入之际，颇费鉴裁，郑渔仲已言之矣。今以全书所占成分为主，凡意在存实，取备史资者，入之杂史；反之，虽间存史事，而偏主奇谲，或涉怪异者，则入小说之科。《考异》所见小说书名，列记如下：

刘𫗧《小说》三卷

胡璩《谈宾录》十卷

李濬《松窗小录》一卷

张固《幽闲鼓吹》一卷

康骈《剧谈录》三卷

柳珵《上清传》一卷

刘崇远《金华子杂编》三卷

孙光宪《北梦琐言》三十卷

赵璘《因话录》一卷①

刘轲《牛羊日历》一卷

皇甫松《续牛羊日历》一卷

范摅《云溪友议》三卷

皮光业《皮氏见闻录》五卷

王仁裕《玉堂闲话》十卷

潘远《纪闻谈》三卷

志怪之书，无关史实，故《考异》中一字不及，是不惟温公能辨之也。

唐人小说中，常有臆揣时政，浅妄不根，而书林流播，俨同实事。此等记载，在温公最见抉别之长。如康骈《剧谈录》，记玄宗至骆谷山思张九龄语，命中使往祭；《考异》以为玄宗幸蜀，不自骆谷。刘崇远《金华子杂编》，记宣宗行经延资库，与左右言，乃知李德裕贬在崖州，有岂合深谴之言，由是刘邺得以进表，德裕得以加赠归葬；《考异》以宣宗即位，便逐德裕，岂得不知，又邺表乃进于懿宗之时，因斥其浅陋而不取。

---

① 当作六卷。——编者注

更有挟恩怨之私,以肆为褒贬,至大变是非之实者。此类小说,如《牛羊日历》《续牛羊日历》之属,温公以为皆出朋党之私,每引而驳之,以诏后世,此等处尤具深意。

其他说部,亦大都存用者少,驳斥者多。其存用者,如秦王世民将诛建成、元吉,问计于李靖及勣,而二人皆辞。其事出刘悚《小说》,温公以其有补世教而取之。此在《考异》三十卷中,殆鲜相同之例,盖考证以外之事也。

《考异》中又有《松窗杂录》,殆与《松窗小录》为一书。

又《通鉴》文宗朝,记李德裕对杜悰,称小子闻御史大夫之命,惊喜泣下。《考异》未言事出何书,王应麟《困学纪闻》谓此事出张固所撰《幽闲鼓吹》。今之书目所记,有此一种,从应麟说也。又胡三省《注通鉴序》,言温公分司西京,忠愤感慨,不能自已于言,至于黄幡绰、石野猪俳偕之语,犹书与局官,欲存之以示警。今《通鉴》中无二人语,殆成书时又削去之也。此二事亦皆是小说家言。

(十) 诸子

诸子之书,与史无与,而温公《通鉴》恒取其言,故亦集所见者,附载于本章之末:

《荀子》十二卷

《扬子法言》十三卷

仲长统《昌言》十二卷

孙盛《杂语》□卷

《傅子》一百二十卷

《袁子正论》十九卷

虞喜《志林新书》三十卷

祖孝徵等《修文殿御览》三百六十卷

又《陈纪》引颜之推论,未检所据何书,阙以俟考。

《修文殿御览》者,本隶类书之目,以无他书,则姑附焉。

综上所列十类之书,有明见《考异》中者,有因温公录其言论,爰列其书名,以见博采之所及者。统计之,有如下列:

正史:二十五种。

编年:二十九种,又谱录八种。

别史:五十四种。

杂史:六十七种。

霸史:三十五种。

传记:十八种,又碑碣八种。

奏议:八种,又别集十六种。

地理,十种。

小说:十五种。

诸子:九种。

总十类书,三百零二种。

《四库提要》引《纬略》,谓《通鉴》采正史之外,其用杂史诸书，凡三百二十二家。余检排印本《纬略》，"三"字作"二"，浙江书局本《文献通考》引《纬略》亦作"二"。此一字出入不小，应再考。姑从《四库》，则吾书今兹所列，除正史外，得书二百七十七种，又除诸子，得书二百六十八种，尚有五十余种，今不可指为何书，既不可凿求，更无庸臆补。所当知者，《考异》所见书名，必是皆缘弃取之际发生问题，然后着笔，其不涉疑难，径自采用，则亦不复逐为麻列。此其一也。且《考异》所见书名，非必皆为摭取所资，其为温公所弃去者，亦时有之；虽在所弃，而仍著于《考异》之中，故其亦可深长思也。此又其一也。至《考异》所见碑碣八种，原不得便谓之书。温公修史，世间一器一物之微，苟有文字，固皆以史料视之。《四库》所云三百二十二家，此等随时掇拾之资料，如碑碣之属，计当时必未算入。今兹所列，若更除碑碣八种，则得书二百六十种耳，其不可指者将更多。温公采摭之广，岂苟且抄撮之家所可几及乎！①

又上列书目中，其编年、别史、杂史、霸史、传记五类，自温公采摭其事以入《通鉴》后，此等书即日见堙晦，渐至沦灭，至今日而十不存一。试取近人书目，与相比对，其阙亡之多，有足惊者。衡之往昔，一书成而众书废，例亦多有；正史且然，况于私书！或谓日月既出，则爝火虽息，何损于明？况

---

① 虽不可指，然百家谱系必居其一。

其可存者，亦既撷入《通鉴》之书，则其书虽亡而未全亡，宜可不足多恨。虽然，吾有惜者：夫一书之成，咸以毕生精力为之，篇卷既多，包罗尤巨。《通鉴》一书，岂能尽采？即如柳芳《唐历》，萧韶《太清记》，乃至崔鸿《十六国春秋》，萧方等之《三十国春秋》，此皆温公所甚推重。自唐至于五代，累朝帝王皆有实录，是又政令之沛泽，诸史之根柢，温公修书，凡有疑问，每以实录为归。以上诸书，今所存者，惟《十六国春秋》之清人辑本，及《唐顺宗实录》之《韩文》所附，二者而已。此中必有至堪宝重之史料，不见采于《通鉴》而归泯灭者，何也？时代不同，则寻求史料之要点亦不同，此固无所为讳也。况五胡十六国，其立国各有政制，各有文献，《通鉴》与晋事并书，篇帙所拘，岂克尽采？即以范亨《燕书》而论，据《考异》所引，有纪有传，俨然正史，而今已不可复见，又况诸胡大半皆然，降而五代十国，记载亦复美富殊伦，而俱归亡佚，岂非中古史籍之重大损失乎！

二、《通鉴》之史料鉴别

自来著作之家，大抵皆有所采，而史部为甚。上古远矣，班彪论左氏作传，以为"古之诸侯，国各有史，故孟子曰'楚之《梼杌》，晋之《乘》，鲁之《春秋》，其事一也'。自丘明论集其文,作《左氏传》三十篇,又撰异同,号曰《国语》二十篇,由是《乘》《梼杌》之事遂暗,而《左氏》《国语》独章"[1]。其言视司马迁《十二诸侯年表序》所云为具体。《年表序》但言"左丘明惧弟子人人异端,各安其意,失其真,故因孔子史记,具论其语,成《左氏春秋》"而已,不如"论集其文"一语,包孕多少繁难工作。逆计温公所谓"抉摘幽隐,校计毫厘"也者,丘明当时,亦必如是。去今辽远,篇籍泯绝,左氏舍取史料之苦心,已不可复见于后世。然而二百四十二年之间,原原本本,逐事相承,罅漏抵牾之失,几可谓绝无。诗家有"裁缝灭尽针线迹"之句,惟左氏作传足以当之,太史公远不及也。学者以此观左氏,则知左氏著书,非惟文词卓尔,足以雄视百代,其心精力果,功力独深,实尤兼擅考证家之所长。其别撰异同,号曰《国语》,则苦心之稍可窥见者也。

然而左氏犹未能更著一书,明当时所以弃取之故,而司马光能为之,此又温公著书之法,所以步趋前人,而又有其超掩前人之处。大凡善师古人者,常思得其不传之意。《考异》之作,是真能得左氏不传之意者也。《四库提要》云:"昔陈寿作《三国志》,裴松之注之,详引诸事错互之文,折衷以归一是,其例最善。而修史之家,未有自撰一书,明所以去取之故者。有之实自光始。"其言体例所出,信为得其实矣。抑温公之用

---

[1]《后汉书·班彪传》。

心,尚有可测而知者。盖史为执中纪事之书,其态度当务求公开,与众共见。故孔子之赞董狐也,曰:"书法不隐。"至于史料之所从来,则益当明以语人。采诸正史者,不言无所害;其采自私史及杂家传记者,此等多属一时之书,显晦不可知,其书亦未皆取得人人之信服。夫既显晦难知,则易代而后,本书堙灭,必有疑其无征而不信者。即今尚未堙灭,而其书初未取得世人之信服,则又必有缘是而更疑及温公此书之可信程度者。有《考异》之作,既著采撷所自,又明去取之由,门户洞开,幽邃悉睹;不独其事与言班班可按,且并其所以是非予夺之故,而亦公诸后世,使皆晓然;于一出一入之际,咸有据依,且具深意。使左氏而有此,则经传家必不至据后以疑前;使太史公而有此,则凡一事有抵牾者,必能早有折中,而不复以文重思烦为累。温公之不苟如此,是乃良史之用心,亦即责任心之表著于外者也。

盖尝于《考异》中求温公当时所以别裁史料之法,除事出正史,旁无他说,则径书其事于《通鉴》外,若众书皆有其事,则考异之事随之以生。约略陈之,盖有六类。

其一,参取众书而从长者。此类异说繁多,最费钩稽,且众书所记,皆有其可信与不可信之处。温公普加鉴别,又一一为之平章,置其不可信者而用其可信者,务使幽隐无所弃,而毫厘无所失。最著者,如王世充巩北之败,安禄山丧师之赦,颜杲卿之倡义,李仲言之见用,杨嗣复、李珏等之贬,《考异》

文字皆千言或数千言。温公精力耗此最多。其抉摘标准，公虽未曾自言，然大要以年月、情事二项为主。年月以《长历》为准，有不合者，则据《长历》以一之；朔闰与《长历》合，而按之事实，有太远太近之失者，或书月而不书日；两书月日迥异，则量从其是，时或兼存其异于《考异》之中。情事以此人此事，恰为其时其地所可有，不生牴牾，而又恰为其人所可有者为准；而去其暧昧者、浅妄者、近于游戏者，及诬善与虚美之较然者。又情事中间，有涉及数目字者，则以所书之数，能称其事之大小为准。凡此之类，例难备举。

其二，两存者。如《唐纪》贞观九年，文武官复请封禅，上不从；群臣固请，上亦欲从之，魏徵独以为不可。此事《实录》、《唐书》志及《唐统纪》皆谓太宗自不欲封禅；而《魏文贞公故事》及王方庆《文贞公传录》则以为太宗欲封太山，徵谏而止。意颇不同，故温公两存之。①

其三，两弃者。如武德四年，初行"开元通宝"钱，命给事中欧阳询撰其文并书，回环可读。此事《唐圣运图》以为初进蜡样，文德皇后掐一甲，故钱上有甲痕。《唐录政要》则以为窦皇后事。《考异》以为是时窦后已崩，文德皇后未立，则皆不取。

其四，两疑而节取其要者。如贞元二年，韩滉屡短元琇于

---

① 以下举例皆出《唐纪》。

上。庚申，崔造罢为右庶子，琇贬雷州司户。此事《实录》言琇判度支时，滉尝诬奏琇，上未从；及滉总度支，遂逞夙心，益加诬奏。《邠侯家传》则谓琇判度支，曾支米与淄青、河中，泌及韩滉在外，皆不敢奏；及滉入朝，乃奏闻焉，司户之贬以此。《考异》以为二说相违，恐各有所私，故不书其由，而但取其要。又如咸通元年，浙东贼裘甫出降一事，《平剡录》于此备言甫之诈降，及王式计诱之由；《玉泉子见闻录》则以式许奏甫为金吾将军，而又斩之，杀降不祥，而以《平剡录》为曲笔。温公虽用《平剡录》，而不言诈降及计诱，又于《考异》中兼存《玉泉子》之论。

其五，存疑者。如武德五年，刘黑闼败，或说徐圆朗迎刘世彻而奉之。此事《革命纪》以为盛彦师之言，《考异》以《实录》彦师奔王薄后，黑闼乃败，其在圆朗所时，黑闼未败也，因于《通鉴》中但著"或"字以存疑。又如武德九年，齐王元吉代世民督诸军北征，率更丞王晊密告世民曰："太子语齐王：'今汝得秦王骁将精兵，拥数万之众，吾与秦王饯汝于昆明池，使壮士拉杀之，奏云暴卒，主上宜无不信。'"此事旧传，以为建成实有此言，而晊告之。《考异》则以"建成前鸩秦王，高祖已知之，今若明使壮士拉杀，而欺云暴卒，高祖岂有肯信之理？此事殆同儿戏。今但云晊告云云，则事之虚实皆未可知，所谓疑以传疑也"。

其六，兼存或说于《考异》中者。私史所云，其事已为温公所弃，而《考异》中仍详载其文。此缘其事流传众口，俨同实事，温公惧后来学者或为所蒙，故虽不取，而仍存之，以明驳弃之故。又有其事亦情理之所可有，而温公以其细而不书，虽曰不书，而亦不欲竟归泯灭，故节存之以备参览。前者如贞元八年三月乙未，贬中书侍郎同平章事窦参为郴州别驾，未言受谴之由。《考异》则载柳珵《上清传》全文，中谓陆贽陷参，参有青衣名上清者，没为宫婢，为上言之，乃得洗雪。温公以其事近儿戏，且按之事实，有不可通处，故卒不取其说；而仍录之者，则以其事传在人口，有待于驳之而后明也。后者如贞元元年夏四月丙寅，陈仙奇使医毒杀李希烈，因以兵悉诛其兄弟妻子，举众来降。《考异》则附载杜牧《窦烈女传》，以存桂娘设计灭贼之奇。又如大中十二年，上饵医官李玄伯等药，疽发背，崩；懿宗即位，玄伯等皆伏诛。《考异》则附载《东观奏记》毕诚献美女于令狐绹，绹不纳，医官李玄伯以重赂致于家，献之宣宗，又进丹砂以市恩泽，宣宗因以致疾之事，以广异闻。此等事皆不必然，亦不必不然，温公不用而仍存之，区处之最当者也。

以上六类，温公鉴别史料之标准见焉，驾驭史料之方法亦见焉。宋人不以考证鸣，南渡乃有郑渔仲、王伯厚之伦，以辨洽为人所称。北宋之时，刘敞、欧阳修于治经方面，稍开疑古之风，至温公乃大用之于《资治通鉴》。《考异》也者，因众说之可疑，而务求其信者也。尝观温公此书，固无在而非应用考证方法，其求是之精神，乃有非渔仲、伯厚之辈所可望者。

其于史料也，搜之欲其备，而辨之欲其精。其求备态度，乃至虽一石刻之微，苟可取之以定年月决然否者，则必取焉，其著于竹帛者益可知也。其视天地间，凡有文字处，皆为史料。其搜采所及，虽有三百二十二家，在他人固以为甚富，而撰公之心，未必不以为犹贫也。其求精态度，虽一事之细，必其时间空间，及其周遭之一切关系，一切背景，举无不可容认之反证，而后取焉。更就史料之自来，而审查至于原作者之地位与其人格，察其有无溢辞，有无曲笔，乃酌取焉。其情实之毕得与否，虽犹不可便必，而论狱者固可以无憾矣。斯二者实有连带关系，必也搜采能极其备，而后鉴别乃能极其精。其搜采不已者，乃正为其鉴别也。

固也，温公之书，其搜采之范围，去现在所重之史料，犹隔一层；其鉴别之精审程度，后之学者，犹有少分之献疑[①]。然以视同时欧、宋合修之《新唐书》，一则经生眼光，务惟褒贬；一则文士习气，但重词章。二者各以所尚，借史局以为驰骛之园地。虽略有高下，而去史家本务，一何太远！后之知史局者，下而至于地方之修志书者，较其所能，非欧即宋，有此二派狎主齐盟，所以史之质量，乃至地方志书之质量，皆去理想标准

[①] 见第七章。

远甚。上下千载,独有温公,有博大之搜罗,有精深之裁断。后来史家,惟万季野之置重史料,讨论入微,庶几似之。

夫史者,所以纪实者也;尸其职者,以客观事实为其对象者也。务实之义,丘明行之而未尝言;史迁博不足而务文字,其别裁史料之方,勤求直接史料之事,犹足为人楷则。后之人既不能精治《左传》,以探求左氏之苦心;复不能如史迁之好学深思,询求不已;降而愈下,乃至空文相尚,令史学为文士弄笔之场。有一司马光足以振之,而其考实求是之精神,终不能成为风气,几至于及身而绝,亦何怪中国史学之长无进步,亘千年而如一日哉!

- 第四章 -

《通鉴》史学一斑

我国史家有一传统之重要观念，曰有为而作。此观念虽萌于《春秋》，而迹所自来，则自董狐之书法不隐，南史氏之明示于朝，已自有其惩劝之作用。盖古代史家，以其多识前言往行，而一时之信仰归之。信仰所在，权威以生。故南、董诸人，虽书世卿之恶而不为忤，虽一二见杀于世卿而不可绝。

孔子因鲁史以作《春秋》，其褒贬虽有新意，而其有为而作，欲行其志于二百四十二年之书，则固有所承也。夫既曰有为而作，则所书史实，自以为借事明义为主，是为孔门之历史哲学。孔子虽未尝自言，而孟子亟称之，谓孔子成《春秋》为一治之局。以此观念，故史文与人事，乃直接发生积极之模范作用与消极之儆戒作用。至于孰堪模范，孰堪儆戒，则一以六经之旨为归。六经为孔门人生哲学与政治哲学之总汇，寓之于史，则为孔门之历史哲学。经史合流，体用一源，故经训不止于空言,而史书不止于纪事。庄子谓《春秋》经世,太史公谓《春秋》长于治人,不虚也。

以史的全量言,人类社会活动的体相,其新故相续,自有轨辙,不可偏弃,亦不可截取。有弃有取,则文化转变之迹不明,而阶级消长之故不彰。然自孔子而后,《春秋》借事明义之古训,已为史家一定之典型。司马迁作《史记》,涉猎广博,取材稍异于古,而有《游侠》《货殖》诸传,班彪即讥之,谓其是非颇谬于圣人。后世操笔史官,无南、董之操,无史迁之识,而又近为王朝统治阶级之威力所慑服,远为先民传统之哲学观念所渐渍。有此二重束缚,则史之领域,固有不得不狭之势。又其自身处此二重束缚之下,习为固然,因又产生士大夫一流所特有之人生观及其处世哲学。缘是而其取舍标准,又自成其不得不然之风气。

我国史书,所以具有不可忽视之潜在的势力,用能炳炳琅琅,昭如日星,发潜德之幽光,诛奸谀于既死,此"有为而作"之观念,与"经史合流"之哲学实有以成之。独其着眼所在,不以广大群众之幸福为前提,而但以拥护统治阶级、维系封建社会之意识形态,渗透于不完全之史料之中。使史书之用,有因袭而无革新,如驴旋磨,步步皆踏故迹,一治一乱,竟成循环。其阻碍进步之弊害若是,固亦不得为之讳也。披二千年之中国历史,自秦开阡陌、置郡县起,至五四运动止,其间治乱因革,虽有少分之不同,要其政治方向与学术思想,则一贯相承，殆同僵石，有心者之所为长叹也！

时至战国，世禄废而布衣可为卿相，在上者高唱尽地力之口号，欲增加生产以富国。而此等卿相，同时又多为新兴地主，亦深恶周制之害己也，于是除井田，民得买卖，任其所耕，不限多少。由其以耕战兴邦，故秦制非农与战不得入官。汉兴，政术一踵秦旧，重农抑商，著为功令。惟刑名之外，尤宗周孔。士大夫起于田间，诵儒家之言以取功名，一旦致身通显，则蠲租赐复，薄赋轻徭，又皆事势之所必然。故秦以耕战并重，自汉以降，则耕读并重。读西京诏书，常有劝农务本之文，其辞恻怛深厚；州郡牧守，又往往以垦田多少为殿最，诚重之也。重之若是，宜若有熙熙皞皞之社会现于眼前，而事实上抑又不然。天子衣租食税，王侯有禄田，豪民有兼并之田，势之所在，即富之所在。小民佃田而耕，输租什五，流离辛苦，视为当然；必不得已，则揭竿而起，且以缓死。曾子曰"上失其道，民散久矣，如得其情，则哀矜而勿喜"之数语者，实有至深之经济意味。旧说以"情义乖离，不相维系"为训，实则财聚民散，正其注脚。惟其如是，此所以民变屡起，四海动摇，而二千年中，乃迄无长治久安之日也。

彼既外宗周孔，内用刑名，以儒法二家之言，为维持封建政治之工具，故以辨上下、定民志为要务，而以犯名分、紊流品为大恶。考之于经有其教，稽之于法有其刑。刑礼一途，政教一揆，下以范围人心，上以润色鸿业，是为由汉至清之一贯政策。至于学术思想，亦但有蹈袭而无改进，有膜拜而无怀疑。帝者踵焚坑之故智，而手段或出以温和，要使天下英雄，悉入彀中。虽有才俊迈常之士，亦畏诛锄而不敢为石破天惊之论。全身远害，保泰持盈，为是时公卿大夫之传家宝训。但使朝廷不改其安富尊荣，公卿大夫不改其雍容华贵，其事已足。至于根本计划，尽可度外置之。其或帝王有所作为，于现状不免破坏，则为三道防线以御之：不曰祖制当遵，则曰经训宜守，二者或穷，则天变亦其儆惧之资料。其于生民利病之原真有所见，发为不满现状之言，若司马迁、王充、嵇康、鲍敬言、刘知几、王安石之流，虽不必皆中于用，要自不愧为思想界之异军。而皆见轭于一时不痛不痒之风气，其说不昌，其论不行，归于蹈常袭故而后已。

是故二千年来之政治方向，在愚民，在柔服士类，在保全士大夫利益，在辨定等级以绝小民觊觎之心；而二千年来之学术思想，在尊孔，在宿命论，在不言功利，在一治一乱相为终始。二者唇齿相依，桴鼓相应，以决定其进展之程途。

司马光虽负卓绝之资，而在一定之历史命运下，其所产生之历史哲学，亦自无以甚异于一时史家之所同。本章所云，乃就《通鉴》本书，观其史料之取舍，及其议论所归，参以集中文字，及进讲于君前之所指陈，为之整理其思想，揭而陈之，要在瑕瑜不掩，得其真际，庶几可见司马氏一家之史学云尔。

欲观《通鉴》史学，当区为五事言之：一曰《春秋》之意，二曰《左传》之法，三曰儒家之宗旨，四曰本朝之背景，五曰著者之特见。

一、《春秋》之意

何谓《春秋》之意？曰：昔太史公作《史记》，尝自叙答壶遂之言，谓己特整齐故事，非所谓作，不敢比之《春秋》。近余杭章氏论《通鉴》之书，亦谓"褒贬笔削之说，温公所不为"，以为"《春秋》有一定之凡例，而褒贬之释，三传不同，故《春秋》不可妄拟。《通鉴》之志，亦犹史公之志耳"。是则《通鉴》与《春秋》，固有截然不同之点矣。然不得便谓《通鉴》无《春秋》之意。《春秋》之意安在？曰：在有为而作。温公《进通鉴表》自谓删削之意，在"专取关国家盛衰，系生民休戚，善可为法，恶可为戒者，为编年一书"。有此四项标准，则不得不谓之有为而作。《春秋》之旨，莫大乎惩恶而劝善。此"善可为法，恶可为戒"，即惩与劝作用所在，亦即《春秋》之意所在也。

《春秋》托始隐公，论者非一，而其以为有托始之故则同①。温公作编年之史，而书事始于周威烈王二十三年，初命

---

① 今按惠公始隐，实因惠公以上鲁史不存，并非义之所在。

晋大夫魏斯、赵籍、韩虔为诸侯，其寓有托始之意，尤为显然。最初怀疑此事者，厥为刘道原。其自序《通鉴外纪》有曰："治平三年……恕蒙辟置史局，尝请于公曰：'公之书不始于上古或尧舜，何也？'公曰：'周平王以来，事包《春秋》，孔子之经不可损益。'曰：'曷不始于获麟之岁？'曰：'经不可续也。'恕乃知贤人著书，尊避圣人也如是，儒者可为法矣。"道原之意，重在通古为之，而未能得其著书之意。温公虽有解答，而亦未曾畅发其由。惟朱子稍发明之，谓"《通鉴》虽托始于三晋之后，而追本其原，始于智伯，上系《左氏》之卒章，实相授受"①。其后胡三省注《通鉴》，自序亦有斯言。然二家所云，皆就史事史体言之；至于所以必始是事，犹待铨说。

愚按《春秋》之意，最重名分，名分所在，一字不能相假，封建之世，以此为纲维。名分既坏，则纲维以决，政权崩溃，恒必由之。温公以此事兆东周之衰与七国之分立，而又系论以见托始之意，此最不容滑过者也。今备录之以代说明：

> 臣光曰：臣闻天子之职莫大于礼，礼莫大于分，分莫大于名，何谓礼？纪纲是也。何谓分？君臣是也。何谓名？公侯卿大夫是也。
>
> 夫以四海之广，兆民之众，受制于一人，虽有绝伦之

---

① 《通考》引。

力,高世之智,莫不奔走而服役者,岂非以礼为之纲纪哉!是故天子统三公,三公率诸侯,诸侯制卿大夫,卿大夫制士庶人,贵以临贱,贱以承贵。上之使下,犹心腹之运手足,根本之制枝叶;下之事上,犹手足之卫心腹,枝叶之庇根本。然后能上下相保而国家治安,故曰天子之职莫大于礼也。

文王序《易》,以乾坤为首。孔子系之曰:"天尊地卑,乾坤定矣;卑高以陈,贵贱位矣。"言君臣之位,犹天地之不可易也。《春秋》抑诸侯,尊周室,王人虽微,序于诸侯之上,以是知圣人于君臣之际,未尝不倦倦也。非有桀、纣之暴,汤、武之仁,人归之,天命之,君臣之分,当守节伏死而已矣。是故以微子而代纣,则成汤配天矣;以季札而君吴,则泰伯血食矣。然二子宁亡国而不为者,诚以礼之大节不可乱也。故曰礼莫大于分也。

夫礼,辨贵贱,序亲疏,裁群物,制庶事,非名不著,非器不形。名以命之,器以别之,然后上下粲然有伦,此礼之大经也。名器既亡,则礼安得独存哉?昔仲叔于奚有功于卫,辞邑而请繁缨,孔子以为"不如多与之邑。惟器与名不可假人,君之所司也。政亡,则国家随之"。卫君待孔子而为政,孔子欲先正名,以为"名不正,则民无所措手足"。夫繁缨,小物也,而孔子惜之;正名,细务也,而孔子先之。诚以名器既乱,则上下无以相有故也。夫事未有不生于微而成于著。圣人之虑远，故能谨其微而治之；众人之识近，故必待其著而后救之。治其微，则用力寡而功多；救其著，则力竭而不能及也。《易》曰："履霜，坚冰至。"《书》曰："一日二日万几。"谓此类也。故曰分莫大于名也。

呜呼！幽、厉失德，周道日衰，纲纪散坏，下陵上替，诸侯专征，大夫擅政，礼之大体，什丧七八矣。然文、武之祀犹绵绵相属者，盖以周之子孙尚能守其名分故也。何以言之？昔晋文公有大功于王室，请隧于襄王。襄王不许，曰："王章也。未有代德而有二王，亦叔父之所恶也。不然，叔父有地而隧，又何请焉？"文公于是乎惧而不敢违。是故以周之地，则不大于曹、滕，以周之民，则不众于邾、莒，然历数百年终主天下，虽以晋、楚、齐、秦之强不敢加者，何哉？徒以名分尚存故也。至于季氏之于鲁，田恒之于齐，白公之于楚，智伯之于晋，其势皆足以逐君而自为，然而卒不敢者，岂其力不足而心不忍哉？乃畏奸名犯分而天下共诛之也。今晋大夫暴蔑其君，剖分晋国，天子既不能讨，又宠秩之，使列于诸侯，是区区之名分复不能守而并弃之也。先王之礼于斯尽矣！

或者以为当是之时，周室微弱，三晋强盛，虽欲勿许，其可得乎？是大不然。夫三晋虽强，苟不顾天下之诛而犯义侵礼，则不请于天子而自立矣。不请于天子而自立，则为悖逆之臣。天下苟有桓、文之君，必奉礼义而征之。今请于天子而天子许之，是受天子之命而为诸侯也，谁得而讨之？故三晋之列于诸侯，非三晋之坏礼，乃天子自坏之也。

呜呼！君臣之礼既坏矣，则天下以智力相雄长。遂使圣贤之后为诸侯者，社稷无不泯绝，生民之类，糜灭几尽，岂不哀哉！

大凡一时代之政治机构，必有其所赖以存在之武器。自周以来之封建政治，所赖以存在之武器，有有形者，有无形者。有形者曰兵①，无形者曰礼。礼之精意，在于平时杜渐防微，不使不敬者稍启其端，以至下陵上替而不可救。儒家所谓别嫌疑，定犹豫，正是此意。名者，身份之表称；分者，欲望之限度。其意以为有此身份，即只应有此欲望；过乎此者，出于在上之所予则为滥，出于在下之所享则为僭。是乃藩篱，必不可决，决则统治阶级富贵不能长享，而百姓不肯安于义命以服事其上。孔子以礼有维持现状之功能，故兢兢焉，又缵述六经以"弥缝"之②。《春秋》一经，更纯为定名分之书。自后汉儒常以《春秋》断事，宋儒直以《春秋》为刑书。其奠定封建社会秩序，效力

---

① 亦即刑。
② "弥缝"二字借用陶潜诗中语。

之伟，殆无与比。

温公《通鉴》，本为用之奏御而作。既托始威烈初命三晋为诸侯，以见一部大书，非同苟作；又为论以发明天子之职莫大于礼，礼莫大于分，分莫大于名。言之谆谆，殆与经筵讲义同其性质。揆之经义，皆《春秋》之旨也。

二、《左传》之法

何谓《左传》之法？曰：先秦编年之史，至左丘明而成功，亦至左丘明而后集其大成，后之为编年者，惟《通鉴》为能绍述之。编年诚为古史记之正法。然汲冢古文与孔子《春秋》，皆仅具骨干而事状不详。傅以血肉，自左氏始。左氏剪裁荟萃之迹，今不可见，良工心苦，又无斧斤之痕，独其记事方法，前无古人，自辟堂宇。《通鉴》所采正史，今多未佚，章实斋所谓"衍本纪之文而合其志传为一"之一语，足以该之。而下手之始，先作长编，逆计丘明作传，亦当有此程序。就使不逮温公之周密，而原料当前，审查次第所必有也。至其纪事方法，《通鉴》殆纯以左氏为师。左氏文学技术之优美，今姑不论，独其作传规模，可揭举者，已有下列之六端：

一曰时间本位。《春秋》记事之法，以事系日，以日系月，以月系时，以时系年，所以纪远近，别同异也。左氏作传，亦最重时间观念。由左氏身为史官，明于历法，如文元年论闰三月之非礼，其六年论闰月不告朔之非礼，其言皆简而居要。后世律历志千言万语，不离其宗。至当时诸侯薨葬日期，经从所赴而传书其实者，尤为习见。

二曰作者意识本位。据事直书，其义自见，是为作史之正当态度。丘明以传翼经，旨存劝戒，故常有论断之词。大抵其言以礼为论事观人之本，大而文物制度，细而威仪动止，皆有褒讥。而又有隐显之别，隐者流露于叙事之中，显者则假"君子曰"以发之。

三曰人物附载。《左传》书事不书人，异于后世之《史记》。然大事而外，间亦附载当时人物，或取其言，或取其行，皆首尾具足，而却不必悉为其年所应载。此传状体之雏形，隐为正史列传之滥觞。举其例篇，若介推不言禄、宋共姬守节、季札历聘上国、绛县老人对疑年之问、穆姜论《易》、郯子论官、孟僖子补过之类，美言美行，照耀简编。此等记载，在编年史中隐有独立性，乃变例济穷，因以消纳特种不忍遗弃之史料，实史法之一大进步，不可忽视者也。后世为实录者，于其年大臣之薨，常兼摭其人之行实而为小传，最与此近。

四曰重要文字附载。《左传》记事，异于《尚书》之记言。然言与事实无截然为二之理，故既述其事，未有不兼载应对之辞者。其或邻国通辞，或王朝告难，体段浑成，有非仓卒所能办者。若吕相绝秦，若郑子家告范宣子书，若王子朝盟诸侯，其辞皆成于事先。左氏不忍割弃，则兼载之。此类在后世编年史中，诚为习见，而在左氏则为创例。

五曰政制附载。《春秋》重改作，谨始，故一国政制有所更张，则必书于策。以鲁国言，若宣十五年书初税亩，成元年书作丘甲，哀十二年书用田赋，皆关于赋敛者；襄十一年书作三军，昭五年书舍中军，皆关于军制者；文二年书有事于大庙，跻僖公，定八年书从祀先公，皆关于典礼者。丘明作传，雅得斯意。如晋初作五军，既而舍二军，又既而作新军，又既而废新军，皆明其所以，尽其本末。郑子产为政，初作丘赋，次又作刑书，则并其时人之议论而兼载之。此类附载，可以考见当时政治制度之变迁，实为后世正史中食货诸志之滥觞。当时虽无此体，而左氏已着眼于斯。其他诸国不能备载，则取材之穷也。

六曰杂事附载。《汲冢竹书》中有《琐语》，今虽不可见，而厥义可知。盖史官书事，常量其事之大小而异其篇帙，所谓大事书之于策，小事简牍而已。揆之情理，自当如是。《琐语》者，小事之渊海。左氏西观周室，备览百二十国之宝书，既采其事之大者以作传，其小而至于《琐语》之所载，左氏参考之余，亦所不废。其中有可考见特种民族活动之史迹者，如伊川被发野祭，东夷用人为牺，叔孙得臣败狄于咸，传附书长狄之兴亡等。有可反映某种政权下之群众心理者，如宋人筑城之讴，郑人歌子产之辞，乃至晋伯宗每朝，其妻恒以"盗憎主人，民恶其上"数语促其反省之类。有暴露贵族家庭之黑暗方面，见其本身已有没落之趋势者，此中以鲁之公族为最多，如叙季孙、孟孙、臧孙三家立后事，皆昏谬使人失笑；叙叔孙穆子受制竖牛，虽名说部不能过之。此类至多，不可胜计。

《通鉴》有此美富之史籍以为纂述之榜样，而《通鉴》之所取资，其宏富又远过于丘明作传之时。故巨细毕收，几有出蓝胜蓝之美。今仍以六项为目，而一一取证于《通鉴》以实之。

纪事之书，年经月纬，自古以然。而月内纪日之干支，动辄谬戾。温公病之，乃属刘羲叟先推朔闰，排入长编，一名《长历》。温公因据以考证月中之日分，合者从之，疑者阙之；日分不合，则改系"是月"下。其有干支不在是月而灼知其误者，则于《考异》中辨之。羲叟精于推步，其所为《长历》，曾见采于邵雍。温公重邵氏之学，因决用焉①。编年之书，本以辨定年月为第一事，温公得此助手，其功实不在歆、恕、祖禹之下。以此嗣响丘明，真无遗憾。后之续《通鉴》者，皆不及也。此《通鉴》亦采时间本位之证也。

《通鉴》本属有为而作，其因事纳忠，常引昔人论史之语以见其意。综其所引，子家自荀、扬以至虞喜，凡六家；文集自班彪以至颜之推，凡四家；史书论赞，自迁、固、荀、袁以至苏冕、欧阳修，凡二十二家。固以宏博而具美矣，顾犹有不

---

① 参《周纪》胡注。

能自已于言者，则又以"臣光曰"发之，凡为论百有三篇。著作之意，得以备见，上规左氏，可谓亦步亦趋。此又《通鉴》亦采作者意识本位之证也。

治乱兴亡而外，兼志卓行，如孝义则有薛包、吉翂，高贤则有黄宪、徐稚，隐居则有陶弘景、王通，贤母则有潘岳之母、周行逢之妻……此等皆不关当时大局，不载固亦未为不可，而《通鉴》常摭而书之，既弥编年之憾，亦广景行之资，比之《左传》所存，远为过之。此又《通鉴》附载人物之证也。

十七史所载，大议论最为不少。若江统之《徙戎》、鲁褒之《钱神》、范缜之《神灭》、裴頠之《崇有》，乃至贾谊、陆贽之论政，董仲舒、刘蕡之对策，《通鉴》皆载之篇中，比之《左传》所存，篇数既多，关系尤大。此又《通鉴》附载重要文字之证也。

西汉除肉刑，东汉立石经，魏行九品中正之法，晋罢州郡兵，元魏用崔亮停年格，北周创府兵制，唐颁《五经正义》……凡此之类，皆一代政制文化之重大变更，不一而足。《通鉴》既合志、传而为书，故亦择志中之有关系者而特书焉，虽师左氏之法，而详核多多。胡三省曰："《通鉴》不特纪治乱之迹而已，至于礼乐、历数、天文、地理，尤致其详。读者如饮河之鼠，各充其量而已。"[①] 此又《通鉴》附载政制之证也。

[①]《唐纪》注。

左氏始以琐语入史，至温公之时，所见杂史、小说益多，苟可示警，未尝不录，于史事有立竿见影之妙，于文字有引人入胜之长。故有怯敌不得安寝，枕郭将之股然后安者①；有贼退，会钱公赌以为乐者②；有能文而不肯为人作碑文者③；有以宰相而为强藩执板歌以侑酒者④；有谬谓柳木可为车毂，而扑杀和者多人以威众者⑤。读者但以自适，焉知良史之心？此又《通鉴》兼载杂事之证也。

六者皆受法于《左传》，且有明征。故司马氏者，纂纪年之大宗，为左氏之肖子者也。非惟用其法也，即史事亦隐相衔接。此义考亭朱氏首发明之。胡三省所注《通鉴》亦云："左丘明传《春秋》，止哀之二十七年赵襄子悉知伯事，《通鉴》则书赵兴智灭以前事……实接《春秋》《左氏》后也。"二公所云，皆深得温公缵述之旨。至清而王氏鸣盛著《十七史商榷》，有"《资治通鉴》上续《左传》"一条，更详言之。今节其文如下：

> 其（《通鉴》）所以托始于威烈王二十三年命韩、赵、

---

① 宇文泰。
② 韦叡。
③ 江革。
④ 崔胤。
⑤ 朱全忠。

魏为诸侯者，晁公武《郡斋读书志》谓因不敢续《春秋》之故。而《文献通考》一百九十三卷采洪迈《容斋随笔》云："司马公修《通鉴》，辟范梦得为官属，尝以手帖论缵述之要，大抵欲如《左传》叙事之体。"胡三省注《通鉴》自序亦云："《通鉴》之作，实接《春秋》《左氏》后。"愚谓《春秋》终于获麟，而《左传》则从获麟以后续书其事，讫于哀公之末。《春秋》始隐公元年，终哀公十四年，其事未竟，故作传者竟之。其下又赘以哀公子悼公四年事，而其末段乃云："赵襄子甚知伯，遂丧之，知伯贪而愎，故韩、魏反而丧之。"杜注："《史记》谓晋哀公之四年，鲁悼公之十四年，知伯率韩、魏围赵襄子于晋阳；韩、魏反，与赵氏谋，杀知伯于晋阳之下。其事在《春秋》后二十七年。"考此年乃周定王之十六年，岁在戊子。此则作传者附缀后事，故上距获麟已有二十七年之久。自定王十六年至崩而考王立，又崩而至威烈王之二十三年，中间相隔又有四五十年。但《通鉴》虽托始于此，以命韩、赵、魏为提纲，其下却仍追述前事，直从智宣子立瑶为后叙起，以下历叙知伯求地，三家共灭之之事甚详。然则君实盖不敢续《春秋》而欲接《左传》也。续经则僭，续传则可，其微意如此，岂其前无所承而强出意见，好为武断，截从一王之二十三年为始，使其著述偏侧畸零、不成体裁者哉？

笃而论之，既续左氏，则当取诸国之事平均纂述，各相衔接然后可。今《通鉴》追叙智瑶之立，虽与《左氏》末章赵襄子慭知伯事紧相授受，而其他诸国未竟之事，《通鉴》都无一语，则不得便谓为真续《左传》，且先无解于中间七十六年之缺而不纪①。惟是观左氏之所以终编，察《通鉴》之所以托始，则又不得不谓作者之有续左之微意云尔。

三、儒家之宗旨

何谓儒家之宗旨？曰：儒家之著书立说，有一通义焉，曰："是非不谬于圣人。"故所论著，凡杂霸功利一切异家之说，皆不可有，而君实于此最为纯粹。小程子之言曰："吾阅人多矣，不杂者惟司马、邵、张三人耳。"而最能尊信孔子者，吾谓尤莫如温公之笃至。观其所为《疑孟》一书，虽孟子不免于讥议，则其尊孔之严可想。《宋史》本传称其为人曰："光孝友忠信，恭俭正直，居处有法，动作有礼。在洛时，每往夏县展墓，必过其兄旦。旦年将八十，奉之如严父，保之如婴儿。自少至老，语未尝妄。自言：'吾无过人者，但平生所为，未尝有不可对人言者耳。'诚心自然，天下敬信。陕、洛间皆化其德，有不善，

---

① 自周敬王四十二年至威烈王二十二年。

曰：'君实得无知之乎？'……洛中有田三顷，丧妻，卖田以葬。恶衣菲食，以终其身。"其持身之慎，检己之严，惟当于圣贤中求之，实为儒家之典型人物。其见于行事如此，则其发为文章，欲为法于后世者，自无在而非有合于古先之彝训，圣贤之法言。

今观《通鉴》臣光之论，于子臣之道、君相之职、立身行己之要，一篇之中三致意焉。以例求之，如赞沈劲之能子，罪嵇绍之仕晋，责二谢食人禄而不能死人之难，此关于子臣之道者也；非刘裕之屠燕，斥南唐之弃民，许商鞅之信，咎李泌之事德宗不以其道，此关于君相之职者也；谓智伯之亡由才胜德，谓张良、申屠蟠为能明哲保身，谓士孙瑞为智，谓湛僧智可为君子，此关于立身行己者也。大抵刑赏、仁暴、义利、信诈、名实、才德、奢俭诸端，温公辨之最严，持之最力。以此观点，其议论乃有下列之特征：

一、凡一事而稍含政治作用，出以权奇之道，虽曾取济一时，在温公皆认为不可为训。

二、凡君主虽甚贤明，苟有一事为善政之累，一行为祸乱之萌，温公必著其失而深责之。

三、凡其才虽甚可用，其行事虽足以匡时，但其人得罪名教，行止有亏，温公必所不与。

四、凡君相举措，有足以厚风俗、成教化者，温公必深嘉之；其坏礼制、背经术者，则深惜之。

未有《通鉴》以前，史官著书，观点不一。人臣又各私其君，忌讳既多，公道难见。加其人之品节心术，遗憾或亦不免。以知史局，其臧否往往不可据依。温公既本其求真考信之精神，参稽群史，评其同异，俾归一途；又复尊其所闻，行其所知，以孔门哲学之精义，发为史论，敷布于二百九十四卷之书。由其人格足为世范，故其所臧否，多成定论，在一定限度内，足以增史笔之尊严，树人伦之标准。其所敷陈，非惟可作帝王教科书也①，即一般士大夫，亦于此中会得若干持身之道、保家之术。若王昶戒子、柳玭治家，其事虽不关政治之大、生民之众，而温公亦录其精语于《通鉴》之中。盖孔门哲学，以身与家为出发点。身不修，不可以齐其家；其家不可教，而能教人者无之。温公此书，固为帝王而作，亦为士大夫欲保全门地者作资鉴也。有国者②当求历数之长，而阀阅之家亦当以亡身破家为鉴戒。封建社会，理本一贯。且公尝有《训俭示康》之文，今作《通鉴》而兼存王、柳家法，与作训以示后世贵族之子无异也。其所附史论，最为士大夫所不能忘，而奉为持身之格言者，尤在"明哲保身"四字。此四字在温公之意，本自有其必要程度，自张良、申屠蟠而外，初亦未尝轻以许人。若扩大解释，谓事事皆当以明哲保身为主，则世间将更无杀身成仁

---

① 梁任公语。
② 即统治阶级。

之事。温公之意，决不然也。而后世畏葸避事之流，遂皆以四字为口头禅，而遂其容头过身之计，又岂温公所及料哉！

四、本朝之背景

何谓本朝之背景？曰：凡著书者，皆各有其不言之隐；知其人，论其世，则所隐者可以与人共见，而了解至十分程度。此义天台胡氏为所注《通鉴》作自序实始发之。序中有曰：

> 治平、熙宁间，公与诸人议国事，相是非之日也。萧、曹画一之辩，不足以胜变法者之口。分司西京，不豫国论，专以史局为事。其忠愤感慨，不能自已于言者，则智伯才德之论，樊英名实之说，唐太宗君臣之议乐，李德裕、牛僧孺争维州事之类是也。

今按才德之论，温公为新法诸人发也；名实之说，则专为荆公发也。荆公未出山，誉望甚隆，元祐党人亦多称之，与之纳交。其后新法既行，乃成水火。温公名实之说，专罪处士，亦兼咎用人者之纯尚虚声也。荆公原非东汉处士之比，此乃别一问题。温公乃其政敌，为此论亦其宜也。

温公论乐，谓乐有本有文，不可偏废。考宋自开国以来，

低音
unitedbass

北京联合出版公司
Beijing United Publishing Co.,Ltd.

文化

宣华录：花蕊夫人宫词中的晚唐五代

作者：苏泓月
书号：978-7-5596-1719-4
定价：128.00 元（精）

- 第十二届文津图书奖、2016 中国好书奖得主苏泓月全新力作。以 98 篇词清句丽、融合考古训诂的精致小文，近 300 幅全彩文物图片，重现五代前蜀花蕊夫人笔下的宫苑胜景。

文化

李叔同

作者：苏泓月
书号：978-7-5502-9328-1
定价：68.00 元（精）

- 作家苏泓月以洗练的文字、诗意的笔翔实的史料，以及对真实人性的洞悉悯，生动地刻画出李叔同从风流才子代名僧的悲欣传奇。

文化

书法没有秘密

作者：寇克让
书号：978-7-5596-1024-9
定价：98.00 元（精）

- 如果你想入门书法，想聆听前辈书家的习字心得，想了解书史长河中的流派演变和熠熠群星，甚至是想选择最适合自己的笔墨纸砚，本书都能提供给你想要的答案。

文化

胡同的故事

作者：冰心 季羡林 汪曾祺 等
书号：978-7-5596-1339-4
定价：60.00 元（精）

- 冰心、季羡林、史铁生、汪曾祺、舒毕淑敏……
- 46 位名家，46 种视角下的胡同生活。
- 展现不同视角的北京胡同生活。

文化

大门背后：18 世纪凡尔赛宫廷生活与权力舞台

作者：[美] 威廉·里奇·牛顿
译者：曹帅
书号：978-7-5596-1723-1
定价：56.00 元（精）

- 一部凡尔赛宫廷生活史，就是一部法国社会变迁史。
- 繁华背后，一场文化与思想的演变正在悄然孕育。

文化

和食：日本文化的另一种形态

作者：徐静波
书号：978-7-5502-9834-7
定价：88.00 元（精）

- 尊重自然，体现材料的真味；饮食为以"和食"观"和魂"。
- 严谨的文献依据结合考古成果与亲历，深刻而不晦涩，生动而不枯燥。

论乐如聚讼。仁、英、神三朝，阮逸、胡瑗、杨杰、刘几、范镇诸人，审声考古，各有新制，哄争尤甚，温公独不以诸人为是。虽亲交如范镇，而亦未尝苟同。则《唐纪》所附之论，其为有为而发，亦可知矣。

唐武宗[①]时，宰相牛僧孺主弃维州，李德裕以为足伤蕃人内附之心，争之不从。温公论维州之取舍，以僧孺之言为是。胡三省曰："元祐之初，弃米脂等四寨以与西夏，盖当时国论，大指如此。"其时温公为相，国论亦公所持也。余谓《资治通鉴》既专为人主说法，则所系史论，自当与经筵讲义性质相近。读臣光之论，皆当作如是观。即如《通鉴·唐纪》载文宗语曰："去河北贼易，去朝中朋党难。"温公系论，以为文宗苟患群臣之朋党，何不察其所毁誉者为实为诬，所进退者为贤为不肖，其心为公为私，其人为君子为小人。苟实也贤也公也君子也，非徒用其言，又当进之；诬也不肖也私也小人也，非徒弃其言，又当刑之。如是，虽驱之使为朋党，孰敢哉？此段议论，明是有为而发。虽无胡三省之注，稍知宋事者亦能辨之。

大抵史家思想，常为当前史实之反映。或为有意之献纳，或为不自觉之流露。生千载之后，而读千载以上之史书，能知此意，必能减少无益之推测，而增多了解之程度。即如正统之论，温公帝魏寇蜀，论者憾焉，以为不若朱子《纲目》为得其正。

---

① 当作文宗。——编者注

萧山王谷塍则曰："宋艺祖以受禅开基，《通鉴》自不得以魏为篡；高宗以宗枝再造，《纲目》自不得以蜀为伪。"①明通之论，焕然冰解。然则虽有良史，而因读史者不得其人，强致攻难，以至受诬千载，晦兹本心，岂在少乎？兹更举温公于神宗朝进读《通鉴》之时，所以随事纳规之数事如下，以见温公政治主张，其人其书，初无异趣：

> 熙宁元年，司马光进读《资治通鉴》，至苏秦约六国从事，帝曰："苏秦、张仪掉三寸舌，乃能如是乎？"光对曰："纵横之术，无益于治。臣所以存其事于书者，欲见当时风俗，专以辩说相高。人君悦国而听之，此所谓利口覆邦家者也。"帝曰："闻卿进读，终日忘倦。"②

> 熙宁二年十一月庚辰，御迩英阁。司马光读《通鉴》，至汉曹参代萧何事。曰："参不废何法，得守成之道，故孝惠、高后时，天下晏然，衣食滋殖。"帝曰："汉常守萧何之法不变，可乎？"光曰："何独汉也！使三代之君，常守禹、汤、文、武之法，虽至今存可也。"③

---

① 《文史通义》引。
② 《续通鉴》卷六十六。
③ 《续通鉴》卷六十七。

熙宁三年四月甲申，翰林学士司马光读《资治通鉴》，至贾山上疏，因言从谏之美、拒谏之祸，帝曰："舜聖谖说殄行。若台谏为谖，安得不黜？"及退，帝留光，谓曰："吕公著言藩镇欲兴晋阳之甲，岂非谖说殄行？"光曰："公著平居与侪辈言，犹三思而发，何上前轻发乃尔？外人多疑其不然。"帝曰："今天下汹汹者，孙叔敖所谓国之有是，众之所恶也。"光曰："然陛下当察其是非。今条例司所为，独王安石、韩绛、吕惠卿以为是耳。陛下岂能独与此三人共为天下邪？"光又读至张释之论啬夫利口，曰："孔子恶利口之覆邦家者。夫利口何至覆邦家？盖其人能以是为非，以非为是，以贤为不肖，以不肖为贤。人主信用其言，则邦家之覆，诚不难矣。"时吕惠卿在坐，光所论专指惠卿也。①

汉之王式，常自称以三百篇当谏书，《通鉴》有焉。而用之进读，则谏书之用乃愈出。三事如是，则全书可知。此等处皆作者不言之隐，有未可以言见者。虽未系以臣光之论，而苟能明其背景，则不觉其扪之而有芒矣！

---

① 同前注。

五、著者之特见

何谓著者之特见？曰：史为文化事业之一，其于整个民族，乃至全人类，当具积极之指导作用。凡人生之真义，必当有所指示，其有阻碍进步之思想，必当有所纠正。整齐故事云云，乃良史自谦之语，事实上决不尔也。如但以整齐为事，因袭为功，则班《书》贤于《史记》远矣。司马光之历史哲学，原不能逃出封建社会士大夫意识定型之外。然与并世作者絜短比长，则其所以纠正当时与启示后来者，远非整齐故事之庸俗史家所可企及。夫不受时代之束缚，本其所知，斩然自见于著作之林，得不谓为著者之特见乎？特见可举者非一，其最见个性而最饶价值者则有四：

一曰不别正闰。正统之说，与五行家言有相涉处。先是邹衍之论，以为五德之传，从所不胜。换言之，即以五行相克为序。故虞土夏木，殷金周火，而秦为水德。汉人承用其说，以秦在水德，则汉当据土而克之，司马迁等皆守其说而不变。刘歆倡新说，以为包羲氏始受木德，其后五行相生，周而复始。周为木德，木生火，故汉为火德，著赤帝之符。秦以水德，在周汉木火之间，非其序也。故汉继周而不继秦。如刘歆说，则周、汉为正统，而秦为闰位。班固作《汉书》，于《律历志》全采歆论；其作《王莽传》赞，谓为余分闰位，比之于秦。盖不以正统予莽，犹刘歆之不以正统予秦也。东汉以后，《汉书》

成显学，光武又采歆说，正火德，色尚赤，由是正闰之说兴焉。

自宋以后，论史者尤好言正统。欧阳修作《正统论》，益斤斤致辩，不肯轻以予人。然其持说往往自相缪戾，有不得已而予之者。良以历代开创之君，其得天下之道有难者。往往得统者不正，得正者无统。重以本朝所因，虽知其不正而卒亦难绝。是持论虽严，而终无以厌服人人之心。

苏轼见解较超特，谓"正统者，犹曰有天下云尔"。故虽有篡夺，予之亦无害。盖正统名也，篡夺与非篡夺实也。名是一事，实又是一事，虽轻予之名，而亦不能伤实。由苏氏之言，特以其曾有天下而予之云尔，于是得天下之实，固无所臧否也。此论在当时史学界，实为一进步之思想。

今日史学界中，正统之论，久已不复使人措意，其旧说之抵牾难通，更是新会梁氏而已著论辟之于《新民丛报》中矣。而在温公当时，欧阳氏之论方盛，苏氏之说，足称异军，顾在当时并未起何等反应。温公著《资治通鉴》，为承学之士所具瞻，独已能不顾一切，视王朝之兴亡授受，一概相量，有不屑论其孰正孰否，惟取一焉以为纪年之符号而已。如斯史识，可谓空前。犹恐学者溺于所闻，或援正统之旧说，疑不当置蜀而以魏纪年者，故于黄初二年书汉中王即皇帝位之下，特著论以明其当然。此一篇者，态度坦白，旗帜鲜明，实为有革命意味之重要文字，冬烘先生之所疑，而研究温公史学者之所必读也。今具录之：

臣光曰：天生烝民，其势不能自治，必相与戴君以治之。苟能禁暴除害以保全其生，赏善罚恶使不至于乱，斯可谓之君矣。是以三代之前，海内诸侯何啻万国，有民人社稷者，通谓之君。合万国而君之，立法度，班号令，而天下不敢违者，乃谓之王。王德既衰，强大之国，能帅诸侯以尊天子者，则谓之霸。故自古天下无道，诸侯力征，或旷世无王者，固亦多矣。

秦焚书坑儒，汉兴，学者始推五德生胜，以秦为闰位，在木火之间，霸而不王，于是正闰之论兴矣。及汉室颠覆，三国鼎峙；晋氏失驭，五胡云扰；宋、魏以降，南北分治，各有国史，互相排黜，南谓北为索虏，北谓南为岛夷。朱氏代唐，四方幅裂；朱邪入汴，比之穷、新，运历年纪，皆弃而不取。此皆私己之偏辞，非大公之论也。

臣愚诚不足以识前代之正闰，窃以为苟不能使九州合为一统，皆有天子之名而无其实者也。虽华夷仁暴，大小强弱，或时不同，要皆与古之列国无异。岂得独尊奖一国，谓之正统，而其余皆为僭伪哉？若以自上相授受者为正耶，则陈氏何所授？拓跋氏何所受？若以居中夏者为正耶，则刘、石、慕容、苻、姚、赫连，皆五帝三王之旧都也。若以有道德者为正邪，则蕞尔之国，必有令主；三代之季，岂无辟王？是以正闰之论，自古及今，未有能通其义，确然不可移夺者也。臣今所述，止欲叙国家之兴衰，著生民之休戚，使观者自择其善恶得失以为劝戒，非若《春秋》立褒贬之法，拨乱世反诸正也。

正闰之际，非所敢知，但据其功业之实而言之。周、秦、汉、晋、隋、唐，皆尝混一九州，传祚于后。子孙虽微弱播迁，犹承祖宗之业，有绍复之望；四方与之争衡者，皆其故臣也。故全用天子之制以临之。其余地丑德齐，莫能相壹，名号不异，本非君臣者，皆以列国之制处之。彼此钧敌，无所抑扬，庶几不诬事实，近于至公。然天下离析之际，不可无岁时月日，以识事之先后。据汉传于魏而晋受之，晋传于宋以至于陈，而隋取之，唐传于梁以至于周，而大宋承之。故不得不取魏、宋、齐、梁、陈、后梁、后唐、后晋、后汉、后周年号，以纪诸国之事，非尊此而抑彼，有正闰之辨。昭烈之于汉，虽曰中山靖王之后，而族属疏远，不能纪其世数名位，亦犹宋高祖称楚元王后，南唐烈祖称吴王恪后，是非难辨，故不敢以光武及晋元帝为比，使得绍汉氏之遗统也。

其时有郭纯者，亦讲究正统之说，著《会统稽元图》，于欧阳氏有所补正。尝遗书温公，以此相示。温公复书终不谓然，虽词气卑谨，而辩争未尝少让，卓然见史学家之风烈[①]。

[①] 文载《温公集》卷六十一，词长不录。

《通鉴》中此论，温公亦具录之以示郭纯，且曰："光学疏识浅，于正闰之际，尤所未达，故于所修《通鉴》，但以授受相承，借年以纪事尔，亦非有所取舍抑扬也。"

寻温公之说，彼盖雅不愿扬正闰之死灰，凡前人所持之种族中心说①与道德中心说②，举不足以为正统之标准。惟既修《通鉴》，则于叙次称谓，不能无所主；岁时日月，不能无所系。

有所主，故凡威力所加，曾使九州合为一统，则并其子孙之微弱播迁者，亦皆用天子之制；其未尝混一者，则用列国之制。此以威力广狭为书法之标准者也。

有所系，故于天下分裂之际，姑据其前后授受之际，有一线相承之迹可寻者，则取其君之年号以识时事之先后。此以上下衔接为借年纪事之标准者也。

昧者乍观公论，似正统观念，虽公亦不能无。实则所谓用天子制、用列国制也者，不过于群雄角立之际，设为主客，以醒眉目。而于分立之局，假一方之年号以纪岁时，亦无非为叙事之方便起见。俗儒指此等处即为正统所在，而在温公仅为一假定之线索而已。

二曰不信虚诞。司马温公不信虚诞，识解早具，其一种精明不惑之精神，不特为同时辈流所罕见，即在昌言破除迷信

---

① 所谓华夷。
② 所谓仁暴。

之今日，亦难见其能如温公之彻底者。其文集中有《葬论》一篇，力辟风水祸福之谈。曾述其兄不信地师之故事，至于阴致多金，使于众中力言我家自择之地之可用。今之人虽曰倡破迷，而祸福之谈，足以夺人所守，即在科学论者，恐亦未能有如是之坚卓。故不信虚诞，殆涑水之家法也。其所为《资治通鉴》，所存破除迷信之资料，不一而足——盖有直书谠论卓行以垂世范者；有备书滥信虚诞而败事者，又有不信虚诞而成事者；又有于删弃处见别裁之巨眼者。今试剌举其一二。如《通鉴》一九六卷，书唐太宗命太常博士吕才，与诸术士刊定《阴阳杂书》四十七卷，吕才并为作序。其序《禄命》云：

　　长平坑卒，未闻共犯三刑；南阳贵士，何必俱当六合？今亦有同年同禄而贵贱悬殊，共命共胎而寿夭更异。鲁庄公法应贫贱；秦始皇、汉武帝，皆法无官爵；宋武帝禄与命并当空亡。此皆禄命不验之著明者也。

序《葬书》云：

　　古人不择年月……不择日……不择时……不择地。今葬书以为子孙富贵、贫贱、寿夭，皆因卜葬所致。……遂于擗踊之际，择葬地以希官爵；荼毒之秋，选葬时以规财利。……伤教败礼，莫斯为甚。

温公存此等于《通鉴》之中，以示读者，何异自著辟邪论哉？又如傅奕他无所见，犹存请除佛法之疏；姚崇将死之言，独申追荐冥福之戒。乃至范缜《神灭》之论，韩愈《佛骨》之表，一言之善，必著于书，其旨深矣。凡此皆直书谠论卓行以垂世范之例也。苻坚置沙门道安于外殿，动静必咨，而卒有五将之败；王凝之世奉天师道，不设备，但稽颡道室，而终为孙恩所杀；其他殷仲堪、会稽王道子之流，以是败者不一而足，而温公皆录存之，此又皆滥信虚诞而败事之例也。拓跋珪以甲子日攻中山，太史令晁崇曰："不吉。昔纣以甲子亡，谓之疾日，兵家忌之。"珪曰："纣以甲子亡，武王不以甲子兴乎？"崇无以对，师出卒有功。刘裕伐南燕，或曰："今日往亡，不利行师。"裕解之曰："我往彼亡，何为不利？"南燕果以斯役覆亡。公书此二事，又示人以不信虚诞而成事之例也。

至于诞妄非实之史料，旧史误存，为温公所删弃者，今殆不可悉举，即能举之亦不可胜书，姑于胡注中举一例。元嘉十三年，孝武帝委沈庆之处分军事，旬日之间，内外整办，人以为神兵。胡三省注："《宋帝纪》云：'三月乙未，建牙于军门。是时多不习旧仪，有一翁斑白，自称少从武帝征伐，颇习其事，因使指麾，事毕，忽失所在。'……《通鉴》不语怪，故不书。"《困学纪闻》亦谓《通鉴》不书符瑞，惟举高帝赤帝子一事为失于删削。可议独此，则全书之严谨可知。其有特书妖怪者，司马光与范淳甫书尝论其意，必其有所儆戒，如鬼书武三思门，或因而生事，如杨慎矜墓流血之类乃并存之，所谓有为言之也。后世史家，祖沈休文志符瑞之故智，方日夜制造诞妄史料之不暇，甚则托于宫壶暧昧之私，只快所闻，不惜诬妄，是皆不足与言史事。

三曰不书奇节。左氏浮夸，太史好奇，而《通鉴》独本忠信以进退史料。故凡奇节伟行，复出常情之表，温公皆弃而不取。此亦特见之足书者也。《史记》称汉高欲废太子而立赵王如意，留侯为惠帝设策，礼致商山四皓。高祖破黥布归，置酒，太子侍，四人从。高祖怪问之，四人具言太子仁孝，故愿从之游。高祖夙重四人，知羽翼已成，遂寝废太子事。温公修《通鉴》，独不取其事，又于《考异》中论之曰：

> 高祖刚猛伉厉，非畏搢绅讥议者也。但以大臣皆不肯从，恐身后赵王不能独立，故不为耳。若决意欲废太子立如意，不顾义理，以留侯之久故亲信，犹云非口舌所能争，岂山林四叟片言所能柅其事哉？借使四叟实能柅其事，不过污高祖数寸之刃耳。何至悲歌，云"羽翼已成，矰缴安施"乎？若四叟实能制高祖使不敢废太子，是留侯为子立党以制其父也，留侯岂肯为哉？此特辩士欲夸大四叟之事故云然，亦犹苏秦约六国从，秦兵不敢窥函谷关者十五年、鲁仲连折新垣衍，秦将闻之却军五十里耳。凡此之类，皆非事实。司马迁好奇，多爱而采之，今不取。

此从当时事势及诸人性格而下推断，以见史迁所云之绝非事实，求真若是，忠之至矣！史书与说部之差异点，即在此等。说部以娱目快心为主，苟能刺戟读者之感情，符合读者之期望，事非近实，不妨撼而存之。唐裴铏作小说，取名《传奇》，小说家之用心，尽此一语。进步之史家则不然。其未下笔也，必先有一番审查功夫；而审查标准，又必以其时其人其地之所可有者为决，苟或未然，虽奇不取；其所存也，虽其事之不足以刺戟读者感情，符合读者期望，甚者且绝无一毫安慰之可得，而材料正确，足以传信于千载，提刀四顾，无余憾焉。故不书奇节，乃责任心所驱使，良史应有之美德也。晁公武《郡斋读书志》亦曰：

是书大抵不采俊伟卓异之事，如屈原怀沙自沉，四皓羽翼嗣君，严光足加帝腹，姚崇十事开说之类，皆削去不录。然后知公忠信有余，盖陋子长之爱奇也。

公武所举四例，惟不载屈原事为可商，要之公武亦可谓善读书者矣。或曰：《通鉴》于前史所书俊伟卓异之事，亦有因而有存者，晁氏所言，亦一隅之见耳。曰：俊伟卓异之事，果为正确之史实，则温公不得而删。顾虽不之删，而亦未尝竟以为可法。观臣光之论，如谓孟尝君为奸人之雄，谓仪、秦不足贵，谓李广不可为法，谓傅介子不足为奇功。此数子者，皆谈功名、说豪俊者之所艳称,而温公皆裁之以正,且明示后人,谓皆不可为训。良史之巨眼,与庸众之颂词,其不可假借如是。则公武所谓忠信有余,岂不确然可信之至哉!

四曰不载文人。《通鉴》以盛衰治乱为记载之中心,所存大议论以数百篇计,而动人欣赏之美术文字,未尝附见。如项王《垓下》之歌,汉高《大风》之歌,汉武《瓠子》之歌,皆诗歌中有数名篇,而《通鉴》概从割弃。又如卷九十二云:"陈安死,陇上人思之,为作《壮士》之歌。"而歌不载。卷百五十九云:"高欢坐见诸贵,使斛律金作《敕勒歌》,欢自和之,哀感流涕。"而歌亦不载。卷百四十一云:"王仲雄于御前鼓琴,作《懊侬歌》。"而歌不尽载。此等歌词,或优美,或壮美,在乐府之中,亦《大风》《瓠子》之亚也。爱好文学者,于此等处不无歉然,甚者,或疑温公为故自尊异。余按《通鉴》中存录诗文,其斟酌处原自有分寸。诗虽不录,苟可以反映一时之民众心理,则亦录之。如卷九十之《长安谣》,卷一百四之赵整作歌,卷百三十四之百姓为袁粲作歌,卷二百十五之为杨贵妃作歌,卷二百七十九之军士怨潞王为谣,此等皆《国风》《小雅》之遗,温公未尝不录。惟《垓下》《大风》以至《敕勒歌》之类,抒情居多,去资治之义过远,则不暇录耳。诗歌如此,文亦有然。陈琳为袁绍作檄,数操罪恶,此檄未录一字。而杜弼为东魏作檄移梁朝,则所录几于不遗一字。何者?以其后梁室祸败,皆如弼言,重其先识早具也。韩愈、柳宗元之集,可赏可诵之文何限，而所录者自韩公奏议而外，韩仅《佛骨表》《送文畅师序》二篇，柳仅《梓人》《橐驼》二传。二公且然，况于蚓声蛙唱之区区者乎！

非惟诗文不轻录也，即文人之得见于《通鉴》也亦大难。顾亭林《日知录》有一条云：

> 李因笃语予："《通鉴》不载文人，如屈原之为人，太史公赞之，谓与日月争光，而不得书于《通鉴》。杜子美若非'出师未捷'一诗为王叔文所吟，则姓名亦不登于简牍矣。"予答之曰："此书本以资治，何暇录及文人？昔唐丁居晦为翰林学士，文宗于麟德殿召对，因面授御史中丞。翼日制下，帝谓宰臣曰：'居晦作得此官。朕尝以时谚谓杜甫、李白辈为四绝，问居晦，居晦曰：此非君上要知之事。尝以此记得居晦，今所以擢为中丞。'如君之言，其识见殆出文宗下矣。"

王叔文吟杜甫《题诸葛亮祠堂》诗"出师未捷"二句，见《通鉴》卷二百三十六。余按如因笃所举，《通鉴》中尚有数例。如卷二百八十，书薛文遇为潞王诵戎昱"安危托妇人"诗句，使非文遇于帝前诵此诗，则戎昱不得见也。卷二百七十六书冯道为唐明宗诵聂夷中"二月卖新丝"之句，使非冯道言之，则聂夷中亦不得见也。卷二百四十九书宰相令狐绹拟李远杭州刺史,上曰:"吾闻远诗云:'长日惟消一局棋。'安能理人?"绚曰:"诗人托此,为高兴耳。"使非宣宗此问,则亦无以见李远之为诗人也。元稹、白居易之得见《通鉴》,皆以仕迹,非以能诗,而稹之干进,且蒙讥议。温公之于文士,其无所假借如此。良由著述各有其体,既有所重,则此等自不得不在所轻耳。

本章所述,旨在欲于司马温公之历史哲学,有具体之了解。人之思想,在一定之政治制度与社会机构下,其所流露之意识结晶,大率不甚相远。故思想为环境之产物,著述为思想之产物。本此见地,故吾今研究温公之史学,仍以《通鉴》本书为主要泉源。综其大端,诚有所因,而纯粹肫切之处,视并世为儒,尤为坚卓。若其特见所存,则有出于所因之外者。如不别正闰之类,公夙昔主张,与俗相违,其势必不能以相胜,赖有此书,自伸其说,足以垂百代而如新。有新史学者出,而后拊掌相咜,叹温公之先得我心焉。

故温公《通鉴》之学,于第三章见其搜采之富与功力之过人;于本章见其思想虽有所因,而其自得之诣,所不肯俯同流俗者,则尤有倚天拔地之伟观。

- 第五章 -

《通鉴》之书法

著作之事,欲其符号清晰,使读者寻文知义,不至眩乱而莫辨,则统一用语最为先著。此虽属文字上事,而下笔之始,断须有一番发凡起例功夫。凡例定而后用语所含之特种意义亦定。苟秉笔者能统一用语,不使前后歧出以自乱其例,则全书中史笔谨严,足以收符号之作用。此种用语之规定与其使用之法则,历史学家通谓之书法。是非惟治《春秋》之学者,于其一字褒贬之义例所在,有不容不讲求书法者也;即以据事直书,未存《春秋》笔削之意之《资治通鉴》,为用语不至歧出计,亦自有规定书法之必要。故《春秋》有《春秋》之书法,《通鉴》有《通鉴》之书法。前者已成专门,后者尚待寻讨,此本章所由设也。

寻温公于着手编次之初,对于全书体制,亦既有所指示,则书中之用语,自亦必有义例之可言。特温公未尝如后世著书,自弁凡例若干条，使后生读是书者可以开卷而知。故《通鉴》义例，皆后人自为钻寻而后得之。最先为此业者，为公之曾孙伋，曾于宋乾道间就《通鉴》一书，分类三十六例，为《前例》一卷，又为四图，《玉海》卷四十七附载于《资治通鉴》条下。胡三省《通鉴释文辨误·后序》论其事曰：

> 又有《通鉴前例》者，浙东提举茶盐司板本，乃公休之孙伋所编。……此吾先人所疑，今人所依以为信者。考伋之所编，温公与范梦得论修书二帖，则得于三衢学官；与刘道原十一帖，则得于高文虎氏。伋取以编于《前例》之后，其网罗放失者仅如此。盖温公之薨，公休以毁卒，《通鉴》之学，其家几于无传矣。汴京之破，温公之后曰朴者，金人以其世而敬之，尽徙其家而北，后莫知其音问。绍兴，两国讲和，金使来问："汝家复能用司马温公子孙否？"朝廷始访温公之后之在江南者，得伋，乃公之从曾孙也。使奉公祀，自是擢用。伋欲昌其家学，凡言书出于司马公者，必锓梓而行之，而不审其为时人傅会也。

盖胡氏于范、刘诸帖，有未肯置信者。《四库提要》作《通鉴释例》，亦为一卷，有范帖，无刘帖。又引伋原跋云："遗稿散乱，所藏仅存，伋辄掇取分类为三十六例。"《提要》亦疑之。然王鸣盛《十七史商榷》则谓胡跋附会之说不可泥，观于范帖《文集》亦收可知。综而观之,伋之原跋,既云就所藏者掇取分类,而范帖又与本集同,恐未必不可信也。

今将司马伋所辑录之凡例移录于下：

《通鉴》凡例

用天子例：周、秦、汉、晋、隋、唐,皆尝混一九州,传祚于后,子孙虽微弱播迁,四方皆其故臣。故全用天子之礼以临之,帝后称崩,王公称薨。

书列国例：三国、南北、五代与诸国本非君臣,从列国之例,帝后称殂,王公称卒；秦、隋未并天下,亦依列国之例。

书帝王未即位及受禅例：帝王未即位皆名,自赞拜不名,以后不书名。

书称号例：天子近出称还宫,远出称还京师,列国曰还某郡。凡新君即位必曰某宗,后皆曰上。太上皇止称上皇。上太上皇、太后号曰尊；皇后、太子曰立,改封曰徙；公侯有国邑曰封,无曰赐爵。列国非臣下之言不称乘舆、车驾、行在、天子及崩,臣下所称仍其旧文。

书官名例：节度使赴镇曰为,使相曰充,遥授曰领。凡官名可省者,不必备书。公相以善去曰罢,以罪去曰免。

书事同日例：两国事同日不可中断者,以日先序一国事已,更以其日起之。如齐建武元年十月辛亥魏主发平城云云，辛亥太后废帝为海陵王云云。

书两国相涉例：凡两国事相涉则称某主，两君相涉则称谥号，不相涉而事首已见，则称上称帝。

书斩获例：凡战，伪走而设伏斩之曰斩首。斩首千级以下不书获；辎重、兵械、杂畜，非极多不书。

书复姓例：宋永初三年长孙嵩实姓拓跋。时魏之群臣出于代北者皆复姓，孝文迁洛改为单姓，史患其烦，悉从后姓。

书字例：凡以字行者，始则曰名某，字某，以字行。及小字可知者，不复重述，难知者乃述之。

书反乱例：凡诛得愆曰有罪，逆上曰反，争强曰乱。

以上总例仅十有一，不合三十六例之数。《四库提要》谓其盖并各类中细目之，且其书出于南渡后，不无以意损益，未必尽光本旨。今按伋固自言为"掇取"矣，则亦未尝无参考价值也。

除《通鉴释例》而外，书法之可参证者，又有刘羲仲《通鉴问疑》一书。羲仲，道原之子，痛其先人于《通鉴》尝预有力，早世而名不彰；幼时侍疾家庭，尝闻余论，因纂集其与司马公往复相难之语而作此书。其中对于《通鉴》书法，反复论辩，多有可作凡例观者。此书凡一卷，自王应麟作《玉海》，即已附载书名于《资治通鉴》条下，其可信程度，允为百分之百。《通鉴》分修诸人，所以推道原功力最多，惟读是书可以知之。

今以《通鉴》本书为主，观其用语之异同，比类合谊，以推知义例之所在；更就公所自言，与后贤研究论列所及，有足以证发所推知之义例为不虚者，析为三节，以言书法：一曰关于年者，二曰关于人者，三曰关于事者。

一、关于年者

编年之书，首重年代。温公《通鉴》，于此事尤不敢忽。属草之初，即已推定朔闰，排入长编，又于《考异》中根据《长历》，以辨定其讹误。其叙次前后，不外如《春秋》之法，以事系日，以日系月，以月系时，以时系年。或有旧史不书日者，当时不书，今更不能定为何日，则系以是月；又或史文简略，并何月亦不能定，则系以是春是夏；又不能定，则系以是岁，而于岁末附书之。此皆《春秋》成法，凡读三传者皆能言之，不需更道者也。尚有数例，或左氏所开，或温公所立，汇而列之，凡得五条：

其一，隔年首事与终言之。《通鉴》常有今年正月之事，于去年岁尾发其因由者。如《梁纪》于天监三年之末书曰："上雅好儒术，以东晋、宋、齐虽开置国学，不及十年辄废之，其存亦文具而已,无讲授之实。"其次年接书曰:"天监四年春正月癸卯朔,诏曰:'二汉登贤,莫非经术,服膺雅道,名立行成。魏晋浮荡,儒教沦歇,风节罔树,抑此之由。可置五经博士各一人,广开馆宇,招纳后进……'"此隔年首事之书法也。又有书是年应书之事,而其结果虽不在是年,亦附及之者。如《宋纪》于元嘉二十七年书云:"吐谷浑王慕利延为魏所逼,上表求入保越巂,上许之。慕利延竟不至。"上许之者,元嘉二十七年事也。慕利延竟不至,则总其后之究竟而书之,所谓终言之也。此二例皆本之左氏,杜预所谓"或先经以始事,或后经以终义",即指二事而言。

其二,岁阳岁阴纪年。《尔雅》:"太岁在甲曰阏逢,在乙曰旃蒙,在丙曰柔兆,在丁曰强圉,在戊曰著雍,在己曰屠维,在庚曰上章,在辛曰重光,在壬曰玄黓,在癸曰昭阳。"此岁阳也,亦曰岁干。又:"太岁在寅曰摄提格,在卯曰单阏,在辰曰执徐,在巳曰大荒落,在午曰敦牂,在未曰协洽,在申曰涒滩,在酉曰作噩,在戌曰阉茂,在亥曰大渊献,在子曰困敦,在丑曰赤奋若。"此岁名也,亦曰岁阴、岁支。温公之意,盖谓干支之名,古人但以纪日,不以纪岁,故援《史记》历书"年名阏逢摄提格"例,每卷之首皆以岁阳岁阴纪年。顾炎武《日知录》有"古人不以甲子名岁"条,亦以《资治通鉴》用古法为是。近人刘师培氏始据《汉书·翼奉传》,奉以初元二年上书,有"今年太阴建于甲戌"之语,证其时即以干支纪岁。吾友赵曾俦氏更著《干支纪岁古证十八事》，历引《竹书纪年》、《春秋传》、齐国《差䥭铭》、屈原《离骚》、秦昭襄王《甲午簋铭》、《淮南子》、《华阳国志》、《史记·货殖列传·白圭》、《汉书·礼乐志》、《汉书·律历志》诸书，断言自颛顼正历已定干支纪岁之法，通行到今，故先秦旧籍多有其证。氏天历之学，说不虚立，信而有征，可谓亭林之诤友矣。文避烦不具录。如《宋纪》十四云："起强圉协洽，尽上章阉茂，凡四年。"谓是卷所包，起丁未而尽庚戌也。《唐纪》二十七云："起阏逢摄提格，尽强圉大荒落，凡四年。"谓是卷所包，起甲寅而尽丁巳也。全书二百九十四卷，皆用此法。

其三，岁首不同，以建寅之月为主。周以建子之月为正月，秦以建亥之月为正月，汉太初改历，始用夏正，以建寅之月为正月。《通鉴》书东周事，皆战国时事，有年无月，故不须追改。秦之正月，在汉为冬十月。太初定历后，史官于秦及汉初所书秦月，皆改从汉月。故岁首不书春正月，而书冬十月。《史》《汉》皆然，而《通鉴》从之。又新莽践位，《通鉴》书"始建国元年春正月朔"，胡三省曰："去年十二月，莽改元，以十二月为岁首，《通鉴》不书，不与其改正朔也。"今按班史书法已如此。顾炎武曰："荀悦《汉纪》记莽事，自始建国元年以后，则云其二年、其三年，以至其十五年，以别于正统，而尽没其天凤、地皇之号。"可见史家黜莽正朔，不始于《通鉴》，并不始于班史。要之《通鉴》书年，以建寅之月为主，其间纵有改岁首事，公皆用史家追改之文以书月。

其四，天文现象不备书，书于《目录》。正史有天文、五行两志，日食星变，记载最详。此皆天文现象，初与人事无涉，史官书之，以儆戒人主而已。《通鉴》重人事，惟书日食，余非涉及时政，概不入录。故沛公入秦，不书五星聚东井；严光见光武，不书客星犯帝座。其或间书星变，若《唐纪》武德八年六月四日之事，《通鉴》两书太白经天。《通鉴》非以此明建成、元吉之必诛，乃因太白复经天之际，有傅弈密奏，秦王当有天下，故连类而书之。若傅弈无此奏，则"太白经天"四字，亦不得见于《通鉴》也。惟公作《通鉴长编》时，此等材料亦皆掇集。故其别编之《目录》，除提纲于每年之下外，更著朔闰及七政之变于上方。其用意在便推步家之稽览而已，与俗儒所谓灾变无与也。

其五，凡年号皆以后来者为定。帝王授受之际，未必皆在一岁之终，苟新君不逾年而改元，则其年即当有两年号。编年家遇此等情形，方法不一，温公书法则以后为准。禅代之际，一年而半属胜代，半属新朝，亦以后者为准。公当开局之始，与范祖禹手帖论缵述之要，即语及此事，略曰："凡年号皆以后来者为定。如武德元年，则从正月便为唐高祖，更不称隋义宁二年；梁开平元年，便不称唐天祐四年。"此例甚属重要。凡读温公书者，不明此例，必易眩惑。然后儒辩难，终焉集矢，今俱详第七章中。

二、关于人者

人为史迹活动之主体，著之史册，当以眉目清醒为贵。而政治史中，因国土分合，而政权亦有分合——或位势相埒，则有主客关系；或上下相制，则有统属关系。又因载笔者之斟酌其间，而书法生焉。缘历史非单纯之故事可比，遇分裂之际，常有二以上之政治单位，争相雄长，其自身皆竞立名号，纷然互出，只以眩人。修史者为便利读者起见，有不得不立为主客，异其用语，而姑示彼我于其间者。而单位与单位间，对等者是一种用语，相临制者又是一种用语。后世读史者，于此等处习为当然，不复能察作者之苦心，而不知温公当日与道原辈发凡起例，其辩难之精，讨究之细，真可谓无微不至。幸故书雅记，未尽沦灭，治《通鉴》之学者，犹得读本书而知例；更读一二记载，而知当时立例之所以然，剌而陈之，亦一快也。《通鉴》书法之关于人者，亦有五条：

其一，帝王尝混一海内者，并其子孙用天子法；名号均敌，本非君臣者，用列国法。此《通鉴问疑》所载，乃温公与刘道原商定之书法也。其谓尝混一海内者，指周、秦、汉、晋、隋、唐而言。虽其子孙微弱播迁，然承祖宗之业，有绍复之望，故仍用天子法以统临诸国，所至称幸，没则称崩，王公称薨，而诸国之君皆称名。其谓名号均敌，本非君臣者，指魏、吴、蜀、宋、齐、梁、陈、后魏、北齐、后周、五代诸国而言。此等既未尝相君臣，故用列国之法，所至称如，没皆称殂，王公称卒。魏与宋、齐、梁、陈诸帝，《通鉴》尝用其年号以纪年，然与之并峙之吴、蜀与后魏、齐、周，并非其臣属，故彼此皆称殂，大臣皆称卒；用其年号者称之曰帝，并峙者称曰吴主、汉主而不名。晋虽混一，然当未平吴前，与吴抗敌，则仍称吴主，不称吴王皓；隋未平陈，亦但称陈主而不名。此皆列国法也。五代诸国亦然，《通鉴》虽假梁、唐、晋、汉、周之诸帝年号以纪年，然与并峙之诸国，等夷视之，初无上下之分存。惟吴越、荆南诸国，世修职贡，则以天子之制临之，称名称卒，一如王公。又东晋之于五胡，依道原之意，本为敌国，谓不当用天子法；温公以为晋尝奄有四海，兼制夷夏，苻、姚、慕容垂等，虽身不臣晋，其父祖皆晋臣，东晋之视苻、姚，犹东周之视吴、楚也。故终东晋之世，五胡之君皆称名，曰某主某。

其二，国名人名有同者，增文示别。《春秋》书小邾子以别于邾，书北燕伯以别于燕；《史记》书韩王信以别于淮阴侯之韩信。史书遇同名相值，本有增文示别之例，《通鉴》中此例尤多，举其著者，如苻秦称秦，姚秦初起称后秦以示别；及其灭苻氏后，则止称秦。乞伏氏之秦，为与姚秦示别，称西秦；及姚秦亡后，亦止称秦。又如前燕、后燕不同时，则皆称燕；南燕、西燕与后燕同时，则各冠"南""西"字以别之；北燕之兴，南燕尚存，故冠"北"字以为别；及南燕亡，北燕又止称燕。又如吕氏之凉称凉，秃发氏、李氏、沮渠氏同时，则分称南凉、西凉、北凉为别;及北凉灭西凉,沮渠氏又止称凉。又如拓跋氏称魏,分东、西后,在关中者称魏不改,而在洛阳者,则称东魏以别之。此等并世同名之国,在彼自身,何尝有东西南北之冠词?然而存实者易淆,增文者有别。自《通鉴》设为此例,后世为纲目者,皆翕然守其书法而不能违,其利益读者可知矣。又有不同时而亦增文以示区别者,如已有南朝之《梁纪》,则五代之梁,不得不增其文曰《后梁纪》;已有《唐纪》,则五代之唐,不得不增其文曰《后唐纪》;推之后晋、后汉、后周三朝,理由并同。斯又为全书标目求免重复,有不得不然者。此皆国名相同之类也。至以人名相同而增文示别,例证较少。惟《陈纪》太建四年,书周主与宇文孝伯谋诛晋公护,又插注世系曰:"孝伯,安化公深之子也。"胡三省曰:"安化公书爵,以别护子深。"

其三,书人必以名,不为宋讳改书;以字行者书其字;胡姓有后改者,从其后姓;权臣、重臣,书官与名而不书姓。《左传》书人,名号杂出,为例不纯,读者病之。《通鉴》书人必以名,崔胤、马殷之类,虽犯宋讳,未尝改避。惟臣光之论,称胤曰崔昌遐耳,是固与正文无与也。《梁纪》书魏主密图尔朱荣,洛阳人忧惧,中书侍郎邢子才避之东出。其下又曰:"子才名劭,以字行,峦之族弟也。时人多以字行者,旧史多因之。"是为《通鉴》书字之例。又《宋纪》称:"是时,魏之群臣出于代北者,姓多重复。及高祖迁洛,始皆改之。旧史恶其烦杂难知，故皆从后姓以就简易，今从之。"是又为《通鉴》书代北胡人从其后姓之例。权臣不书姓，如魏王操、太傅懿、大司马温之类是。重臣不书姓，如丞相嘉、大将军光之类是。

其四，人之初见者，多冠其邑里，或插注世系；将卒者，有谥必书谥。邑里世系，乃纪传之所必详，编年之书，非以人为本位，而为济穷计，时亦有附载之文句。如《唐纪》云："朝义以其将柳城李怀仙为范阳尹。"以怀仙始见是年，故著其籍也。又如《唐纪》以礼部侍郎韩休为刺史，而下文云："休，大敏之子也。"以休始见是年，故著其世系也。乡贯家门，昔人所重，封建社会以此别流品、定清浊，故《唐书》有《宰相世系表》。温公插注世系，盖亦雅有门望之见存焉。至于公侯大臣之薨卒，《通鉴》必冠官爵封谥于姓名之上，如《晋纪》书始安忠武公温峤卒、西平忠成公张骏薨之类是，此皆以简语直书其卒者也。又或于其人将卒之前兼叙行事，则亦备书官爵封谥于姓名之上而后叙之。如《晋纪》书慕容恪将卒之事，则曰燕太原桓王恪云云，以前不尔也；书桓冲临终之事，则曰丰城宣穆公桓冲云云，以前不尔也。故读《通鉴》者，瞥见某人书谥，则知其人将死矣。

其五，书人虽无褒贬，亦有变文见意者。《通鉴》主于叙事，不立褒贬，不待言矣。然善善恶恶之意，虽编年家亦何能无。如《晋纪》书永康元年四月甲午，遣尚书和郁持节送贾庶人于金墉。胡三省曰："杨太后、太子遹之废，史皆不书为庶人。

此独书贾庶人者，正其罪也。"胡氏由同见异，可谓得间之言。又《汉纪》："居摄元年春正月，王莽祀上帝于南郊，又行迎春、大射、养老之礼。"胡三省曰："上无天子，《通鉴》不得不以王莽系年。不书假皇帝而直书王莽者，不与其摄也。及其既篡也，书莽，不与其篡也。吕后、武后书太后，其义亦然。"余按莽虽改汉为新，《通鉴》不为立《新纪》；武氏虽改唐为周，《通鉴》不为立《周纪》。莽在《汉纪》中，自当书莽；武氏在《唐纪》中，自当书太后。胡氏未将《通鉴》不为立纪之意揭出，揆之公心，相去犹有间也。吕后临朝称制，汉制未改，更与武氏不同；不称太后，当复被以何名？斯又本非例之所存，胡氏合而举之，尤非也。温公初意尚欲以朱梁比王莽①，其志未遂，卒立《后梁纪》；既立《后梁纪》，则为例之所限，自当称以帝而不名。读《通鉴》者，于此等处又不能无憾于例之缚人，而史书方整之形式，有时自身亦感矛盾而不可解也。

三、关于事者

《通鉴》书事，其性质所包，略同正史之本纪，而以志、传所载充实之。如帝王之郊天、建储，冠、昏、崩、葬，以及

---

① 见《通鉴问疑》。

封建王公，除拜卿相，此皆有经常性者也。土木、巡幸、兵事、河防、创置、褒恤、征召、诛窜，此虽无经常性，而亦在所必书者也。更约举其内容，则大都政治①、军事最多，经济史虽无专载，而有附见，文化史微见端倪。盖取诸列传者多，而取诸志者沧海一粟而已。《通鉴》书法之关于事者，亦得五条：

其一，叙事或先提其纲，后原其详。王宗沐《宋元资治通鉴义例》云："温公《通鉴》，有大臣之拜、除、死、免，或政令之新定、更革，或地方城镇之得失、移徙事，关系大而议论多者，则先提其纲而后原其详。记事之常体，不得不然，而亦使览者稍别于他事也。"今按《通鉴》叙事，不一其法，有时遇事之稍繁者，或用提纲之法，使览者易晓，非必关系大而议论多也。即以《唐纪》贞观元年一卷言之，如正月辛丑书李艺反，五月书苑君璋率众来降，九月辛未书王君廓谋叛道死，十二月戊申书李孝常等谋反伏诛，并非甚大之事，而皆以一句提掇纲领，然后叙其经过之详。温公以为如是叙述较为方便，则径以此为书法。自朱子创为《纲目》，乃专以此为事矣②。

其二，长篇叙事，多先溯由来，次及本事。此等多以"初"字发之，用左氏法；即不书"初"字，亦必有相类之文句。今以《宋纪》中二十二年书范晔之诛，三十年书太子劭之弑逆，

---

① 包括法制。
② 先提其纲，谓之大书；后原其详，谓之分注。

孝建元年书南郡王义宣之反，升明元年书苍梧王之被弑，与沈攸之之举兵，皆先以"初"字领叙本事之远因。又如泰始三年书魏慕容白曜连拔四城，而起句曰"沈攸之自彭城还也"，此虽未用"初"字，而溯因之意，与用"初"字领叙者同也。严格以绳之，既用编年之法，则事具于前，似不应有追溯之文。然一事之远因，在当时多属细微，及其著也，始有人注意及之。故曰：江水之源，可以滥觞。使《通鉴》于此事细微之远因一一编年，不独事不集中，精神难见，且多有失其年者。今于事发之年追叙由来，既有贯穿连络之长，又省翻检思维之苦。迨《纲目》出，而一事首尾相距颇远者，皆约叙于一纲之下，于是"初"字、"寻"字，及"先是""至是"等文，益数见而不鲜矣。此皆《通鉴》之启示也。

其三，书一事而他事连类而及。此种书法，与第二条似异而实同。特彼为竖的连络，而此为横的连络耳。寻其义例，亦脱胎于《左传》。《左氏》昭公三年，齐侯使晏婴请继室于晋，婴与叔向晤言，兼及齐事，如晏子辞宅、景公省刑之类，此等诚不可谓为大事，而立竿见影，诸侯内部之政象足见一斑。既不可以单叙，苟有机会，自当连及。史家搜求史料，鉴别史事，舍学与识不为功；而如何驾驭，如何铨配，使可存之事不至遗弃，既存之后有若自然，此则非具精锐敏疾之手眼不可，所谓才也。《通鉴》于《汉纪》建宁二年书党狱之再兴，本事而外，连叙李膺、范滂、郭泰、张俭、夏馥诸人，或慷慨就逮，或亡命他所，或连染多人，或怨祸不及，其事固已缤纷满纸矣，而又旁及汝南袁氏之结客养士，与袁闳之潜身土室；又不足，则更举申屠蟠之议论态度，以见当时与李膺、范滂一流超然异趣者，亦复大有其人。连叙之篇，此为大观。又《宋纪》元嘉十六年，《通鉴》书魏主自凉州还，沮渠氏虽灭，而待牧犍如故，此段之正文止此矣。而其下便接叙凉州之多士，有为牧犍所器任者，有怒其无礼而先适魏者，有世寓凉州，不受礼命者，魏主皆分别擢用，遂极称索敞、常爽教士之效，以为魏之儒风自此而振。似此可以止矣，而又接叙陈留江强寓居凉州，献书于魏，魏主以崔浩、高允之精于历法，曾论汉史之疏谬，又载允与游雅论灾异之语，最后乃以对魏主为政何先之问终焉。此段虽不若党锢一篇之长，而一线相牵，随方叙入，亦可谓极连类而及之能事矣。

其四，书一事而同时谋议莫不备载。《左传》每叙有关系之事，往往兼存当时谋议。如子囊伐郑，郑有从晋、从楚两派；秦师灭滑，晋有报施、兴戎两派。笔墨虽简，讨究已详。其往复论难者，如昭四年楚使椒举如晋求诸侯，晋侯欲不许，司马侯谓不可，晋侯又以三不殆为言，司马侯又一一折之；而申生伐东山皋落一段，记事寥寥，几全为众论所占。温公作《通鉴》，实用其法。如赤壁之拒操，齐冋之将败，苻坚之南伐，元魏之迁都，所叙事前之谋议，无论其言之验与否，皆致其详。匪惟大事已也，虽小小举措，臣僚有谏，一言必录。至于用兵，则事无大小,殆无不兼载一时之谋划者。顾炎武曰:"司马温公《通鉴》承左氏而作,其中所载兵法甚详。凡亡国之臣,盗贼之佐,苟有一策,亦具录之。朱子《纲目》大半削去,似未达温公之意。"余按清洪杨之役,将帅中推胡林翼史事最熟,其所著《读史兵略》,实受《资治通鉴》之暗示而作①。然则温公此书,其所以为鉴者,又不仅政治一端而已矣。

其五,一事初见者,有谨始之意。一事而开前此所未有,史家重之,其例昉于《春秋》。《春秋》书初献六羽、初税亩,公羊家皆以为讥。《通鉴》开首即书初命晋大夫魏斯、赵籍、韩虔为诸侯,志名分之始坏。全书之旨,虽不在褒贬,而此等处实有《春秋》之意焉。但《通鉴》所书,亦非全以示讥。即以《唐纪》言,如初定租庸调法,初置十二军,初行开元通宝钱,初令州县祀社稷,又令士民里闬相从立社,各申祈报……诸所冠"初"字,皆无非谨始之意,非必皆寓褒讥于其间也。亦有不冠"初"字者,如贞观元年,书中书令宇文士及罢为殿中监,御史大夫杜淹参预朝政,其下又曰:"他官参预政事自此始。"开元十年书张说奏罢二十余万人归农,其末曰:"兵农之分从此始矣。"十七年书宇文融贬官事,其末曰:"是后言财利以取贵仕者,皆祖于融。"此种书法,则自《左传》得来。《左传》僖三十三年书晋襄公墨绖以败秦师,其下又志之曰:"遂墨

---

① 稿出汪梅村手。

以葬文公,晋于是始墨。"襄四年鲁侵邾,败于狐骀,其下又志之曰:"国人逆丧者皆髽,鲁于是乎始髽。"良史见俗之初变,与政之初更,必郑重书之,以告后人。先贤后贤,其揆一也[①]。

凡此皆温公书法之可求而得者。虽不能尽,要其大者不外是矣。有此诸例,故操笔者易为,把卷者易读。苟或未然,则斧斤不入,绳墨不加,符号不施,惟将此采自众家之原来史料,獭祭成编。此诸史料,各自有其面目,亦各自有其义例。作者胸无伦类,曾不能裁以一定之义法,而一任其不同之面目与不同之义例,纷然杂出于东涂西抹之余,彼其自身既感编次无术而靡所取中,而读是书者,其艰苦寡获,将更不可以数量形容。然则书法一端,骤观之似若未及审查史料之功夫为切实有补,甚者且以此为技术之末务而不屑言。然设令温公当日,但从事鉴别而不定书法,则原来乌合之众,未见其能为节制之师也。而《通鉴》之在当时,将求一能读一过之王胜之而亦不可得也。

尝就已得诸例而一审查其价值,以为温公叙事诸例,除继承左氏而外,其间又有自定之条例,如年号以后来者为定,及统一之局用天子法,分裂之局用列国法之类。此等适应时代之改进,皆广前人所未有,为后来所取则。有此创作,所以后人

[①]《困学纪闻》卷二十有一条论此最详,可取参。

推服，称为体大思精。其能立《通鉴》之家法，成编年之形式者在此。使温公而但能搜材，但能考异，则充其所至，能如后世《十七史商榷》《廿二史札记》，以及《史记志疑》《汉书补注》之类，涯量已足，必不能自立经纬，而组织其事以为一书，以寓我一家之史学可知也。而当时书法之所以立，观《通鉴问疑》但就用天子法与用列国法之一例而言，辩难往复，已累一千五百余言而后决。其间多有温公初虑不如是，经道原之献难而后成者。不有此书，又安知诸公未着手前之繁难周慎一至此哉？其他书法，可参考司马伋所为《释例》。本章所云"年""人""事"三者，乃其重点。

- 第六章 -

《通鉴》之枝属与后继

　　凡著作之家，其于本位事业之贡献，皆各有其不能自已者在。故其形于言也，往往一之不足，至于再三。换言之，即虽成一书，彼亦绝不以一书之成为已足。其赓续努力于本问题之开广与加深，以期材料愈趋美富，理论益臻健全，往往终身为之，死而后已。如朱子易箦之前，犹修改《大学·诚意章》注稿，其忠于学问也如是，尽心而已，岂得已哉？温公之于编年史之纂述，盖亦审有死而后已之心。观其《进通鉴表》，自谓："骸骨癯瘁，目视昏近，齿牙无几，神识衰耗，目前所为，旋踵遗忘，臣之精力，尽于此书。"宜若《通鉴》一书既成，即未必更有他种同一部门之著作可见于世。而观本章所录，乃独不然。非惟公所自为者有溢于《资治通鉴》之外，公身既没，朝代既屡更，而传其家学，衍其宗派者，犹日出而未已。此其故何也？盖凡一家学问，果系作者独辟之思，则必有溢于本书，咏叹淫液,而不能自掩者;又必有闻风相悦,或信受奉持,或推勘论正,嬗于后代,俨成专门者。前者吾名之曰枝属,后者吾名之曰后继。作一书而无枝属,是无羡辞,即无提倡;作一书而无后继,是无嗣音,即无影响。而此中又互有关联者在,盖既有提倡,则必有影响也。观张文襄公《书目答问》,至于编年类中特列一目,以容《通鉴》枝属与后继之书,题曰"司马《通鉴》之属",则其博大与繁富为何如。左氏所谓"八世之后,莫之与京",所谓"毕万之后必大",以赞《通鉴》,允无溢词,然则温公亦何尝死哉?今择二者中之尤有关系者,分两节而具言之。

一、《通鉴》之枝属

《通鉴》之枝属,皆温公自为之书,或本与《通鉴》相辅而行,或其作意与《通鉴》相近。前史著录,盖有数种,今则存逸参半矣。然诸家论次之语具在,故一一具列,以彰公于学问之忠诚恳笃。

《通鉴目录》三十卷
《通鉴考异》三十卷

上两书与《通鉴》同时奏御,进表中曾备言之。陈振孙

《书录解题》曰:"《目录》仿《史记》年表,年经国纬,用刘羲叟《长历》气朔,而撮新书精要散于其中;《考异》参诸家异同,正其谬误,而归于一。"其说是也。

《通鉴》文字汗漫,又每事无标题。汗漫则急切不易了,无标题则不若后世纲目体之易于检寻。又天文现象,《通鉴》中惟著日食,他不备书。有《目录》一书,则读之易了,检之易得,朔闰七政之变,与历代历法之更造,又可备纪于上方。而公于史料,搜之既富,而别之尤精①,不自为一书,明其取舍抉择之意,则笔削之所以然者,不可以喻于后人。后人或且拾公之所弃,以为纠难补正之资,则误乃滋甚。公于是又有《考异》之作。

斯二者,其体制皆公所创为,而前此史家所未有。目录虽凡书尽有之,而《通鉴目录》自有其内容,不可与寻常简端所冠者同观,名为《目录》,实节本也。

二者本皆自为卷帙,自胡三省为《通鉴》作注,始以《考异》散入《通鉴》各文之下;又随《目录》所书,附注历法天文其中。自是《目录》虽单行如故,而《考异》则传刻者绝少。就一段传习言,《考异》散入本书注中,诚哉于阅读者为甚便;若就专门研究而言,则单行本终不可无。据吴县叶氏廷琯《吹网录》所载,谓《通鉴》书成之后,温公有将正文复行裁芟,而偶留

---

① 见第三章。

《考异》未去者。今单行本《考异》有汉武帝天汉元年七月闭城门大搜一条，又有汉元延元年扬雄待诏一条，此二条因正文裁芟，故胡注遂无可散附。又谓胡注于《考异》有移置处，有失收处，则关系尤见重要。凡所指纠，都二十余条，凡为专门之研究者，此等处亦不可置而不论也。

《通鉴举要历》八十卷

此书晁、陈二家书目又《宋史·艺文志》皆著录之，今久不存，陈振孙曰："公患本书浩大难领略，而《目录》无首尾，晚著是书，以绝二累。其稿在晁说之以道家，绍兴初，谢克家任伯得而上之。"王应麟《玉海》则曰："晚病《目录》太简，更著《举要历》八十卷而未成。"案《朱子大全集》有《资治通鉴举要历后序》一文，其略曰："清源郡旧刻温国文正公之书，有《文集》及《资治通鉴举要历》，皆八十卷。历篇之首，有绍兴参知政事上蔡谢公克家所记，于其删述本指、传授次第，以及宣取投进所以然者甚悉。然其传布未甚广，而朝命以其版付学省，则下吏不谨，乃航海而没焉。独《文集》仅存，而历数十年，未有能补其亡者。淳熙壬寅，公之曾孙龙图阁待制伋来领郡事，视《文集》漫灭，乃用家本雠正，移之别版，次及《举要》之书，逾年告成，则又以书来，语熹曰：'其为我记其后。'熹窃闻之，《资治通鉴》之始奏篇也，则既有'博而得要，简而周事'之褒矣。然公之意，犹惧夫本书之所以提其要者有未切也，于是乎有《目录》之作以备检寻；既又惧夫目之周于事者有未竟也，于是乎有是书之作以见本末。盖公之所以爱君忠国、稽古陈谟之意，丁宁反复，至于再三而不能已者，尤于此书见之。"据此，则《举要历》实为完书，《玉海》所云未成者，妄也。

《玉海》谓公又著《通历》八十卷，稽之它种书目，皆无此书，疑"通历"二字乃《通鉴举要历》之缩称，且其卷数亦相符也。

《通鉴节文》六十卷

此书晁氏《读书志》有之，谓其题曰温公自抄纂《通鉴》之要，然实非也。今既亡佚，遂无以判其然否。《通志·艺文略》作《通鉴节》，《宋史·艺文志》作《通鉴节要》，卷数并同。

《历年图》七卷

此书《宋史》及马氏《经籍考》俱作二卷，题曰《累代历年》。陈振孙曰："即所谓《历年图》也，治平初所进。自威烈王至显德，本为图五卷，历代皆有论。今本陈辉晦叔刻于章贡，以便观览，自汉高帝始。"案陈氏既云本为五卷，而《宋史》与《经籍考》乃作二卷者，盖治平进御之本原自周威烈王始，今陈氏所见刻本乃自汉初始，故只得二卷矣。

其书虽久佚，而公自序载《稽古录》中，于原书体制略可考见。《自序》略曰:"今采战国以来,至周之显德,凡大小之国,所以治乱兴衰之迹,举其大要,集以为图。每年为一行,六十行为一重,五重为一卷,其天下离析之时,则置一国之年于上,而以朱书诸国之君及其元年,系于其下,从而数诸国之年,则皆可知矣。凡一千三百六十有二年,离为五卷,命曰《历年图》。"此所序者,五卷之初本也。

《文集》卷六十六载公《记历年图后》一文,则不始威烈而起共和,凡一千八百年。《玉海》所载《历年图》七卷者当指此本。今从之。《记历年图后》曰:"光顷岁读史,患其文繁事广,不能得其纲要,又诸国分列,岁时先后,参差不齐,乃上采共和以来,下讫五代,略纪国家兴衰大迹,集为五图。每图为五重,每重为六十行,每表记一年之事,其年取一国为主,而以朱书他国元年,缀于其下。盖欲指其元年以推,二三四五则从可知矣。凡一千八百年,命曰《历年图》。其书杂乱无法,聊以私便于讨论,不敢广布于他人也。不意赵君乃摹刻于版,传之蜀人,梁山令孟君得其一通以相示。始光率意为此书,苟天下非一统,则漫以一国主其年,固不能辨其正闰。而赵君乃易其名曰《帝统》,非光意也。赵君颇有所增损,仍变其卷帙,又传写多脱误。今此浅陋之书既不可掩,因刊正,使复其旧而归之。"温公著书,不别正闰,已于《通鉴》黄初二年著论发之。而当时犹有赵某之逞臆私改,信乎世间积惑之不可便瘳。而刊正之后,至今卒无传本,则俗儒之弃置,足以影响专门著述之流传，亦可思也。

《宋史》又有《帝统》《编年》《纪事》《珠玑》十二卷，亦题司马光撰，而他无所见。案此书命名，与易名《帝统》之语合；卷为十二，又与变其卷帙之语合。恐即赵某改纂之本，以仍题公名，故《宋史》据以入录者。尝谓史家祖述子长，其他举无能为役，惟《五帝本纪》赞中所谓"第弗深考"一语，则往往能似之耳，亦可慨也！

《百官公卿表》十卷

此表为温公叙列本朝官制之书。《通考·经籍考》兼载晁、陈二氏之说，而卷帙各不同，晁为一百四十五卷，陈为十五卷；今作十卷者，从李焘自序所云也。据晁、李所云：熙宁二年，温公以翰林学士兼史馆修撰，建议欲据国史，旁采异闻，叙宋兴以来百官除拜，效《汉书》作表，以便御览，诏许之；公请宋敏求同修，及敏求卒，又请赵彦若继之，历十二年，至元丰元年而表成，凡十卷，诏送编修院。

案《通鉴》虽止于周之显德，而史迹如水，不可抽刀而断流；又史家之学，知今知古，原不可为重轻。温公忠于史学，更不以一书之成而自废，观《百官表》之继出，而公心如见矣。集中载有《自序》一篇，略谓：宋承前代之弊，以官为爵，以差遣为官，阶勋爵色，徒为繁文，往往名同实异，交错难知；故自建隆以来，文官知杂御史以上，武官阁门使以上，内臣押班以上，迁除黜免，删其要实，以伦类相从，以先后相次，为《百官公卿表》。而书久不存，李焘所见本才七卷，甚疏略。焘谓恐非全本，因整治而续编之，为一百四十二卷，其自序具载《经籍考》中。

《稽古录》二十卷

上为温公最后奏上之书，盖合《历年图》与《百官表》而为之者，二者虽不传，可以无憾。进表有曰："由三晋开国，迄于显德之末造，臣既具之于《历年图》；自六合为宋，接于熙宁之元，臣又著之于《百官表》。乃若威烈丁丑而上，伏羲书契以来，对越神人，可用龟镜，悉从论纂，皆有凭依。总而成书，名为《稽古录》二十卷。"案《历年图》远溯威烈而上，直至共和；《百官表》直接显德之末，至于熙宁。二书年代皆溢出《通鉴》限断以外，而《稽古录》殆兼包之，故曰可以无憾。其小异处，则《稽古录》上起伏羲，不止共和，但至共和庚申始为编年，下仅至治平，未逮熙宁之世。然温公贯穿古今之志，则固可思已。其选事视《通鉴目录》尤精简，读史者由博之约，此书断不可不读。又每易一姓，必系以史论，开端用"臣光曰"领起，体如《通鉴》。惟《通鉴》系就事立言，此则通一代而综论之耳。

据陈振孙所云，当时传刻者有越、潭二本。越本《历年图》谱论，聚见第十六卷，盖因图之旧；潭本诸论各系于国亡之时，故第十六卷惟存总论。案今本诸论，亦分系于国亡之时，盖所因者潭本也。

《四库提要》推温公著此书之意，以为"各书卷帙繁重，又《历年图》刻于他人，或有所增损，乱其卷帙，故芟除繁乱，约为此编"，最为得之。

书奏于元祐之初，本二十卷。《玉海》作二卷者，误。

《涑水记闻》十六卷

此书为温公杂记宋代旧事之书。起太祖终神宗，每条皆注其述说之人，故曰记闻。虽亦偶涉琐事，而国家大政为多。《四库提要》以为温公尝欲辑录宋事，作《资治通鉴后纪》，故以此储史料也。案马氏《经籍考·温公日记》下，引巽岩李氏之言曰："文正公初与刘道原共议，取实录正史，旁采异闻，作《资治通鉴后纪》。奈道原早死，文正起相，元祐后终，卒不果成。今世所传《记闻》及《日记》并《朔记》，皆《后纪》之具也。自嘉祐以前，甲子不详，则号《记闻》；嘉祐以后，乃名《日记》；若《朔记》，则书略成编矣。始文正子孙藏其书祖庙谨甚，党祸既解，乃稍出之，旋经离乱，多所亡逸。此八九纸草稿①，或非全幅，间用故牍，又十数行别书牍背，往往剪开黏缀。事亦有与正史实录不同者，盖所见所闻所传闻之异，必兼存以

---

① 案谓《温公日记》。

求是,此文正长编法也。"所言盖为《提要》所本。今《日记》《朔记》皆不见有寸楮留遗,此《涑水记闻》十六卷,殆即藏庙之仅存者。惟所记迄于神宗,不如李氏所云,惟限于嘉祐以前耳。

《温公日记》凡一卷,陈振孙曰:"司马光熙宁在朝所记,凡朝廷政事、臣僚差除,及前后奏对、上所宣谕之语,以及闻见杂事,皆记之。起熙宁元年正月,至三年十月出知永兴军而止。"李焘所曾见之八九纸,亦即此卷。

《通鉴释例》一卷

上书为温公曾孙伋就家藏遗稿掇取分类之作。其详已见第五章节录之胡氏《释文辨误后序》中。陈振孙《书录解题》曰:"司马光记集修书凡例,诸帖则与书局官属刘恕、范祖禹往来书简也。其曾孙侍郎伋季思裒于一篇,又以前例分为三十六条,而考其离合,稽其授受,推其甲子,括其卷帙,分为四图。"明温公原本不如是也。

《四库提要》曰:"今刘书十一篇别刊入《通鉴问疑》中,惟与范书二篇存焉。"

以上九种,惟《通鉴举要历》及《通鉴节文》二种久佚不存,其余变形改纂而已,不得竟谓之佚。

二、《通鉴》之后继

《通鉴》既为前古不曾有之书，又为后世不可无之书。温公一息尚存，盖靡日不思尽其心力，以踵成《通鉴后纪》而大用其义例于后王之世。庶几历史之用，可益进于深切著明之域。观于元祐再相之初，公犹奏进《稽古录》一书，起伏羲而终治平，其事可思也。虽其执政仅八个月而薨，致《后纪》之作，有志而未逮。然温公之意，必深冀乎后人之递相继续，尤冀后人之递相改进。

嘉定钱辛楣氏之言曰："凡为弟子者，不胜其师，不为贤弟子。"学问之所以日进于光明者，全系乎是。今就事实上言，就八百年来编年界之数大名部而言，继继绳绳，未尝中绝，诚足为司马家学腾其光焰。而其中师法前人，未得其真，以至歧之又歧，不足真为温公之信徒，而适为《通鉴》之旁门者，亦复屡见其例。夫亦步亦趋，不失尺寸，虽为忠实之信徒，已未必为温公所喜，而况师法失真，歧之又歧者乎？基此理由，故知后继之书，可传者实鲜。惟聚敛史料，节省翻拾正史之烦劳，差有可录者在尔。

虽然，萧子显有言曰："非有新变，不能代雄。"彼步趋不失尺寸之作者，其不能妙合本师而尽如其量，则既观于龙门之后，史界遂无第二龙门之再出，而可断其有必然者矣。使后来英贤，或能本其天才独到之处，而于是中下一转手，竖立胜义，则如孔孟之后,复生荀卿,虽本根未改,而标揭已新。萧氏所谓新变而代雄者,历史界中,亦复有之。若是者,虽部伍全非,而不谓之贤弟子不可也。此在后继之中,有如醴泉芝章,不可常见,其余大都拘守绳尺,或仅而守成,或貌似神非,虽一线之粗延,已再酿而愈薄。凡此者,吾统谓之踵纂一派。又有注释一派、订补一派、论断一派,此等亦于《通鉴》之学有所献替,披沙拣金,往往可观。今区为四目,兼而存之,凡所臧否,悉有征验。温公支裔,见其全焉。

(一) 踵纂派

所谓踵纂一派者,是包有继承与改革二义。凡自搜史料,而应用《通鉴》义例,赓续成书,衍其家学者,此属于继承者也;其或史料取于《通鉴》,而自定义例,别张一军,遂成专门者,此属于改革者也。今分别举其要籍如下。

刘恕《通鉴外纪》十卷

恕助温公纂成《资治通鉴》,为全局副手,其事迹既具详第二章矣。

顾温公之书,不载威烈丁丑以前事,恕尝请于公曰:"公之书不始于上古或尧舜,何也?"公曰:"周平王以来,事包《春秋》,孔子之经不可损益。"曰:"曷不始于获麟之岁?"曰:"经不可续也。"恕悼其缺略,爰作《通鉴外纪》。其所为序,自述成书之颠末曰:"尝思司马迁《史记》,始于黄帝,而包牺、神农阙漏不录。公为历代书,而不及周威烈王之前。学者考古,常阅小说,取舍乖异,莫知适从。若鲁隐之后,止据《左氏》、《国语》、《史记》、诸子而增损,不及《春秋》,则无与于圣人之经。包牺至未命三晋为诸侯,比于后事,百无一二,可为《前纪》。本朝一祖四宗一百八年,可请实录国史于朝廷,为《后纪》。昔何承天乐资作《春秋》前后传,亦其比也。将俟书成,请于公而为之。熙宁九年,恕罹家祸,悲哀愤郁,遂中瘫痪。右肢既废,凡欲执笔,口授稚子羲仲书之。常自念平生事业,无一成就,史局十年,俯仰窃禄,因取诸书,以《国语》为本,编《通鉴前纪》。家贫,书籍不具,南徼僻陋,士人家不藏书。卧病六百日,无一人语及文史,昏乱遗忘,烦简不当。远方不可得国书,绝意于《后纪》,乃更《前纪》曰《外纪》,如《国语》称《春秋外传》之义也。"又曰:"他日书成,公为《前》《后纪》,则可删削《外纪》之烦冗而为《前纪》,以备古今一家之言。恕虽不及见,亦平生之志也。"凡为《包牺以来纪》一卷,《夏商纪》一卷,《周纪》八卷,共十卷。

按《通鉴》托始威烈,义虽有取,事实有阙。道原此书之作,非无故也。其书于《春秋》事,恒置《左氏》而取《国语》,于史实不甚明备;采诸子书尤滥,鲜鉴别之长。要其识力信有不可及者。如谓武丁出傅说于胥靡,恐众骇惧,故托诸梦寐以服群臣;又因纣有"我生不有命在天"之语,而谓命者所以杜无妄之求，中人安于摈弃，俟时而不竞，盖圣人以此笼群愚而息争端也。此等处皆见道原不徇旧说，自具心解。温公爱重其人，而称其明决，非无故也。

《外纪》今存。

刘恕《通鉴外纪目录》五卷

恕先曾撰有《疑年谱》一卷，《共和至熙宁年略谱》一卷。其为《外纪目录》，殆即本此以成书，惟隶事校详，共为五卷，又无三晋为诸侯以后之年世耳。《书录解题》于《疑年谱》云："恕谓先儒叙包羲、女娲，下逮三代享国之岁，众说不同。惧后人以疑事为信书，穿凿滋甚，故周厉王以前三千五百一十九年为《疑年谱》，而共和以下至元祐壬申一千九百一十八年为《年略谱》。大略不取正闰之说，而从实记之，四夷及寇贼僭纪名号，附之于末。"所引盖《疑年谱》前自为之序，与今《通鉴外纪目录》自序所云，大略相似。《目录》第一卷，仍标疑年，足知与《谱》相因矣。惟所谱迄于威烈，不若《年略谱》之止于元祐壬申，则由刘氏既为《外纪目录》，自当以《外纪》之年为年也。

今二谱久佚，《目录》具存。

胡安国《通鉴举要历补遗》一百卷
龚颐正《续稽古录》一卷

蔡幼学《续百官公卿表》二十卷，《质疑》十卷

以上为宋人续温公书之见于著录者①。今皆不存，莫由考其体制之善否。

胡著《举要历补遗》，曾见朱子《纲目》自序中。序略谓温公晚年病本书太详，《目录》太简，著《举要历》以适厥中；绍兴中，胡文定公因公遗稿，修成《举要历补遗》若干卷，则其文愈约而事愈备矣云云。盖有事增文省之善，所以为"补遗"也。

龚、蔡二书，皆陈氏《直斋书录解题》所著录。据陈氏所言，龚书志在续司马光前录，而序述繁穰。其记绍兴甲寅事，归功于韩侂胄。盖颐正本以撰《元祐党籍谱》得官者也。蔡书亦续温公旧书，起熙宁至靖康。《质疑》者，考异也。

三书所可见者，大略如是。

李焘《续资治通鉴长编》九百八十卷，《目录》十卷；《举要》六十八卷，《目录》五卷

上为宋人最先踵纂《通鉴》之书，义例一准温公，其心思魄力，亦复略相方驾，故其著作生涯，能绵历四十年，而终成一代编年之巨著。后乎李氏者，虽其成功较易，以言笃信守死，视斯事为终身事业，则必不可同年而语矣。

诸书纪焘为此书甚详，但文字絮猥，篇卷舛错，清代官修

---

① 《续通鉴》别详。

之《续通志·李焘传》，虽备引原文作注，而不能归一，读者苦之。尝博征《玉海》《通考》所引进书奏状，及《宋史》本传之所载，参互考定，略见本末，今约略书之，期便观览而已。

李焘，字仁甫，眉州丹棱人。少耻读王氏书，独博极载籍，以史自任，本朝典故，尤悉力研核。每恨学士大夫，各尊所闻，不考诸实录正史，纷错难信，欲发愤讨论，会众说于一涂。知荣州日，曾于隆兴元年先成太祖一朝十七年事迹，凡十有七卷，进于朝①。乾道三年，朝命取焘所著《续资治通鉴》，自建隆讫元符，令有司缮写投进。明年四月，焘以礼部郎官奏上建隆元年至治平四年闰三月五朝一百八年事迹，计一百八卷。且言："太祖一朝事迹，原已投进，缘后来稍有增益，谨重录。治平以后，文字增多，容臣更加整齐，节次投进。臣闻司马光之作《资治通鉴》也，先使其僚采摭异闻，以年月日为丛目，丛目既成，乃修长编。唐三百年，范祖禹实掌之。光谓祖禹，长编宁失于繁，无失于略。今《唐纪》取祖禹之六百卷删为八十卷是也。臣今所纂集，义例悉用光所创立，错综铨次，皆有依凭。顾臣此书讵可便谓《续资治通鉴》②，姑谓《续资治通鉴长编》，庶几可也。其篇帙或相倍蓰，则《长编》之体则当然，宁失于繁，犹光志云尔。今写成一百七十五册，并《目录》一

---

① 是时似尚未命名为《续资治通鉴长编》。
② 可见此五字，为孝宗下诏征取时假定之名。

册上进。"诏以焘纂述有劳，特转两官。淳熙元年，焘知泸州，复上言："臣今欲纂辑治平以后六十年事迹，庶几一祖八宗之丰功盛业，粲然具存，无所阙遗。"于是明年二月，进神、哲两朝三百四十册。四年七月，又进徽、钦两朝三百二十册。九年，焘为遂宁守，始重别写进全书，共为九百八十卷，计六百四册，又为《目录》十卷，复以一百六十八年之事，分散九百八十卷之间，文字繁多，本末颇难立见。略存梗概，庶易拾寻，因更为《举要》六十八卷，并卷第总目，共五卷。已上四种，通计一千六十三卷，六百八十七册。且曰："臣网罗收拾，垂四十年，缀葺穿联，逾一千卷。牴牾何敢自保，精力几尽此书。非仰托大臣之品题，惧难逃乎众人之指目。汉孝宣称制决疑，故事最高于甘露；我神考锡名冠序，治鉴莫毁于元符。豫席恩言，比迹先正，臣死且不朽。"帝甚重之，以其书付秘书省。其请制序冠篇首，孝宗已许之，然竟不克就。

水心叶氏曰："李氏《续通鉴》，《春秋》以后，才有此书。《通鉴》虽本复古，然由千岁之后，远追战国秦汉，疑词误说，久入人心，方将钩索质验，贯殊析同，力诚劳而势难一矣。及公据变复之会，乘岁月之存，断自本朝，凡实录、正史、官文书，无不是正，以就一律。而又家录野记，旁互参审，毫发不使遁逸，邪正心迹，随卷较然。夫孔子之所以正时月日必取于《春秋》者，近而其书具也。今惟《续通鉴》为然尔。故余谓《春秋》之后才有此书，信之所聚也。然公终不敢自成书，第使至约出于至详，至简成于至繁，以待后人而已。"①水心目光明锐，认定时代近则材料真，可谓知言。

此书世鲜传本，清乾隆中，儒臣从《永乐大典》校补，为五百二十卷，今浙江书局有铅印本行世。昭文张金吾亦有活字本。徽、钦二朝原佚，秦缃业等有《续资治通鉴长编拾补》以弥其缺，浙江书局亦有刻本。

李心传《建炎以来系年要录》二百卷

上为宋人用《通鉴》义例，踵纂李焘《长编》之书。心传字微之，隆州井研人，早岁闭门著书，晚被召入史馆典著作，中兴三朝《帝纪》及《十三朝会要》皆出其手，官至工部侍郎。心传有史才，通故实，其撰《系年要录》也，体例全用司马氏法，用意盖在与李仁甫《长编》相续。嘉定五年五月，付国史院。

是书原本久佚，清乾隆中，始从《永乐大典》中采辑出之，录入《四库全书》。《提要》以为"其书以国史、日历为主，而参之以稗官野史、家乘志状、案牍奏议、百司题名，无不胪陈异同，以待后来论定。故文虽繁而不病其冗，论虽歧而不病其杂，在宋人诸野史中，最足以资考证"。又是书虽仅述高宗朝三十六年事迹，而据陈振孙《书录解题》识语，则隆兴以后，亦尝相继为之，会蜀乱散失，不可复得。果尔则心传于

---

① 《通考》引。

中兴史事，亦复终身为之，盖李焘之亚也。

刘时举《续宋中兴编年资治通鉴》十五卷

上亦为宋人续纂《通鉴》之书，以所纂为南渡后事，故曰中兴。时举里贯无考，其卷首结衔，则通直郎、户部架阁、国史实录院检讨兼编修官也。

《四库提要》曰："是书所记，始高宗建炎元年，迄宁宗嘉定十七年，当成于理宗之世。而书末《附论》一条，称理宗撑拄五十年而后亡，不可谓非幸云云，其言乃出于宋亡以后，似非时举原文。"因疑为元时刊书者所增入。案刘书通记高、孝、光、宁四朝，时近百年，而卷只十五，盖与《长编》汗漫者复别，故朱氏彝尊谓观者嫌其太略。然朱氏又谓"视王宗沐、薛应旂所撰则条理过之矣"，亦持平之言也。《四库提要》亦谓是书于张浚、李纲，功过皆不使相掩，亦无讲学家门户之见。

金履祥《通鉴前编》十八卷，《举要》三卷

上为宋人用《通鉴》义例而改纂刘氏《外纪》之书。履祥字吉父，号仁山，兰溪人，师事王柏，同登何基之门。德祐初，征为史馆编校，不至，入元，隐居教授以终。

《元史》本传略曰："履祥尝谓司马光作《资治通鉴》，秘书丞刘恕为《外纪》以记前事，不本于经而信百家之说，是非谬于圣人，不足传信。自帝尧以前，不经夫子所定，固野而难质。

夫子因鲁史以作《春秋》，王朝列国之事，非有玉帛之使，则鲁史不得而书，非圣人笔削之所加也。况左氏所说，或阙或诬，凡此类皆不得以壁经为辞。乃用邵氏《皇极经世历》、胡氏《皇王大纪》例，损益折衷，一以《尚书》为主，下及《诗》《礼》《春秋》，旁采旧史、诸子，断自唐尧以下，接于《通鉴》之前，勒为一书，名曰《通鉴前编》。"案仁山陋道原之好奇而采事多滥，奋起改纂，诚属有为而作，而观所系年代，乃用邵氏术数家推定之历，大非史家矜慎求真之意。以视道原于共和以前因众说不同，不敢穿凿，统称疑年，孰为得失，殆夫人而可决矣。且以圣人笔削者为真，则置重笔削，务存褒贬，不免援经入史。史尚客观，岂其然乎？

仁山既本《春秋》笔削之意以修史，其弟子金华许谦，遂著《治忽几微》一书，起太皞氏，而绝笔于宋元祐元年秋九月，尚书左仆射司马光卒之一语。以为光卒则中国之治不可复兴，故附于续经书孔子卒之义。其规仿经传而迂谬可笑如是，仁山之教也。故踵纂《通鉴》而大失温公之意者，自金履祥始。即以史料言之，刘恕诚好奇矣，而金氏此书，于周昭王二十二年书释氏生，好奇亦不减于恕。《四库提要》揭举此条，真可谓以矛刺盾，仁山其何辞乎？

其《举要》三卷，后序谓"既编年表，例须表题"，故有此作。《续通考》谓金书"原本凡所引经传子史之文，皆作大书，惟训释及案语，则以小字夹注附缀于后。其后浙江重刻之本，列《举要》为纲，以经传子史之文为目，而训释仍错出其间。又或以此书冠于《通鉴纲目》之首，题曰《通鉴纲目前编》，乃后来所改名，并非其旧"。案今之汇刻《通鉴纲目》者，皆以金氏之书冠于紫阳正编之前，而以《纲目前编》为题矣。其事起于明季之陈仁锡，其条例亦稍变更，与《纲目》合。康熙中官刻全书，更以御批加其首焉。明渭南南轩亦曾就是书加以改纂，为《通鉴纲目前编》二十五卷，《四库》存目有之，称其杂采类书，冗琐糅杂，盖又在金书之下矣。

薛应旂《宋元资治通鉴》一百五十七卷
王宗沐《宋元资治通鉴》六十四卷

上二种为明人用《通鉴》义例而续纂宋元两代史事之书。薛应旂，字仲常，武进人，嘉靖进士，官至陕西按察司副使。王宗沐，字新甫，临海人，嘉靖进士，官至刑部左侍郎。

二书皆志在踵事温公，又皆于卷首揭举义例，而书成之后，实不副名。薛书孤陋寡闻，惟详道学宗派，既见讥于朱彝尊，而重沓疏漏之失，《四库提要》亦多所纠举，仅列其书名于存目中。王书并存目亦无之。盖其取资又贫于薛，故益不为学人所重视矣。

章学诚云："陈、王、薛三家纷纷续宋元事[①]，乃于辽金正

---

① 熙侯案：指陈桱书，见下。

史束而不观,仅据宋人纪事之书,略及辽金继世年月。其为荒陋不待言矣。"①是知明人所续,其荒略政复相似。

徐乾学《资治通鉴后编》一百八十四卷
毕沅《续资治通鉴》二百二十卷

上二种为清人用《通鉴》义例,而续纂宋元两代史书之书。乾学字原一,号健庵,昆山人,康熙进士,官至刑部尚书。沅字缵蘅,一字秋帆,镇洋人,乾隆进士,官至湖广总督。

徐书为《四库》编年类之殿军,《提要》略曰:"是编以元明人续《通鉴》者,大都年月参差,事迹脱落。薛应旂所辑,虽稍见详备,而如改《宋史》周义成军为周义,以胡瑗为朱子门人,疏谬殊甚,皆不足继司马光之后。乃与万斯同、阎若璩、胡渭等排比正史,参考诸书,作为是编。草创甫毕,欲进于朝,未果而殁。其书凡事迹有应参订者,皆依司马光例,作《考异》以折衷之。诸家议论足资阐发者,并采系各条下;间附己意,亦依光书之例,标'臣乾学曰'以别之。其时《永乐大典》尚庋藏秘府,故熊克、李心传诸书皆未得窥。所辑北宋事迹,大都以燕残帙为稿本,援据不能赅博。其宋自嘉定以后,元自至顺以前,尤为简略。至宋末昰、昺二王,皆误沿旧史,系年记号,尤与断限有乖。又意存博赡,颇少剪裁,载元顺帝初生之事,过

---

① 《章氏遗书》卷九《为毕制军与钱辛楣宫詹论续鉴书》。

信《庚申外史》，尤涉凿空。然其裒辑审勘，用力颇深，故订误补遗，时有前人所未及。又是时乾学方领《一统志》局，多见宋元旧志，而若璩诸人复长于地理之学，故所载舆地尤为精赅。而明人纪事之书，亦并从附载，以资考证。年经月纬，犁然可观。虽不能遽称定本，而以视陈、王、薛三书，则过之远矣。"

毕书承《四库》告成明备之余，得因徐氏旧编而扩充之，经营三十余年，一时史家宿学，若王鸣盛、钱大昕、邵晋涵诸人，皆有参订之功。晋涵夙精宋史，曾撰《南都事略》，词简事增，过正史远甚，以参斯局，尤称得人。并用温公例，别为《考异》，附于本条下。或不关异同，有类附记，则以双行小字夹注本文下。故事必详明，语归体要，凡四易稿而成。付刻未及半，以中遭籍没而止，桐乡冯集梧买得全稿补刻之。同治间，金陵书局将刊《史》《汉》书，问继之何亟，莫友芝以《通鉴》对，续宋元则取毕氏书，遂购改冯刻残存之版，刊补行世。

至今正续合刊者，皆以毕氏继司马，无问题焉。夫徐书之不得为定本决矣，至毕书之能否称为定本，则亦信有难言者。冯集梧曰："考司马氏《资治通鉴》，系神宗赐名，李焘亦云臣此书讵可便谓《续资治通鉴》，姑谓《续资治通鉴长编》可也。故孝宗于焘卒后，谓朕尝许焘大书'续资治通鉴长编'七字。然则后人著书，似只可云《资治通鉴后编》或《续编》，而不当云《续资治通鉴》也。"此追论毕书命名之未当者也。莫友芝曰："秋帆尚书记四百年事，较温公纪千数百年者，卷帙遂有三之二，续温公书诚不易易。"此以毕氏删削之功不逮涑水而有是言也。谭献曰："毕氏《续通鉴》详宋略元，似成书时稍草草。"又曰："毕氏书凡六十册，宋居五十，元只十册，详略之间，不无可议。是编经竹汀、二云、冬友诸旧学考订，宜高出陈、柯、徐三书，然当时钱先生已有违言[①]。冯鹭庭叙亦有违词。以予观之，北宋纂辑义法深者，事有本末，南宋遂多冗漏，《元纪》笔削尤疏。有二节亦不餍心：岁阳岁阴纪年，沿袭无谓；国语人名地名，对音改译，先后又不同，愚以为当大书旧译，以从主人。"此论谓毕氏详宋略元，视邵亭之言尤核。此由《宋史》有日历、时政记、实录及众家私史，取材繁富，其底本佳，《元史》资料既窘乏，又成书太速，其底本较劣，缘是二代《通鉴》有短长。使毕氏生今日，得晚出之《新元史》以为据依，则《元纪》必可改观无疑也。莫氏徒讥其卷帙繁多，不如涑水之历年多而属词简，不思时代近则资料自富，其文字繁多，乃属当然。以此为讥，何异昔人讥班《书》之不如《史记》耶？班不如马，自有其不如者在，要不当以字数绳之也。至所谓二小节不能餍心云云，亦复有见，当别论之。

章炳麟曰："徐、毕二家之续《通鉴》，亦有误学《纲目》处，如年号之大书分注是也。宋元二史，文本不佳，故采摭所得，不足动人。《通鉴》于可以发议论者，著以臣光之论断，此盖

[①] 案谓不肯作序。

仿《左传》'君子曰'之例，荀、袁两《纪》亦然。毕沅《续通鉴》，不著议论，不知既无一字之褒贬，自不得不有论断。毕书无之，难乎其为续矣。"案章氏谓二家误学《纲目》，在年号大书分注，此与《四库提要》讥徐书于宋末二王系年记号有乖断限有相涉处，当于陈桱《通鉴续编》下详论之。至氏谓宋元二史文本不佳，故采摭所得不足动人，又谓既无一字褒贬，则不得不有论断。案温公原书之所以见重于世，由其底本至佳，而温公文采宏伟，又允为一代作手。必有巨匠，乃可运斤。虽复施以炉锤，而仍不损其流美。徐、毕以学人而膺贵仕，其底本既繁芜平劣，运斤者又复仅能缀次故事，如排纂官文书，但求归于整净而止。故涑水之书，可以讽味其文；徐、毕二书，不见赏于文人学士之眼。观曾氏《经史百家杂钞》叙记一目，选《通鉴》至十一篇，薛、王、徐、毕诸续《鉴》无一字焉，亦可见章说之为得间矣。至于不系论断，在毕氏或有见于史尚客观，不欲以作者成见羼入其间。此在今日，原亦有其立足之点。然书名"通鉴"，则于政治社会，本系以指导者自处；又系续编，义当肩随。章氏谓其难乎为续，不亦宜乎？

综观诸家品评之语，足知毕书虽晚出，亦复短长互见，而最不可逃于世论者，尤在详宋略元之一失。故徐书固未得为定本，即毕书亦不可遽称定本，信乎续温公书之非易易也！①

---

① 毕书曾经邵晋涵覆审，未及用而沅卒，家旋籍没，稿不知所归，其家所刻者乃宾客初定之本，见章学诚所为《邵与桐别传》。此说稍异，可以存参。

陈鹤《明纪》六十卷
夏燮《明通鉴》九十卷，《附记》六卷

上二种为清人用《通鉴》义例而续纂明代史事之书。陈鹤，字鹤龄，号稽亭，元和人，嘉庆进士，官工部主事。夏燮，字嗛父，当涂人，官江西永新令。二书皆起自洪武，讫于明季三王。

陈氏乾嘉时人，应用考证精神，去取谨严。清国史馆本传谓凡新异诡诞之说，悉置不录，有良史风。手辑至五十二卷而卒。后八卷则其孙克家续成之。同治间，丁日昌抚苏，欲于毕《鉴》刊成之后，继以《明史》。俞氏樾致书丁氏，推荐是书，以为体例相同，庶成全璧；尚有《考异》十三卷，则尚非定本，编纂稍难，可暂置之。丁氏以为然，《明纪》遂以局本行世。

陈书既显，夏书益晦。同光间，上海仅有石印本耳。然陈书不必尽善，夏书不必即无可观。谭献有言："陈稽亭《明纪》去取简严，命意正大。但微嫌芟削太过，事端不备。君薨臣卒，综述生平语过简，似有见于毕氏《续鉴》之冗散，而情辞不畅。"余谛视其书，觉复堂所讥，字字确当。盖芟削太过而至事端不备，情辞不畅则文病而史亦病，信文质得中之难也。夏书属文即无此失，又复揭义例于篇首，自明编集旨趣，郁乎有史家之风烈。其《考异》散附各本条，于朔闰尤谨核，直为温公以后所仅见。陈书不著议论，夏氏则准绳君实，其言往往有中。于靖难史事，亦无过信传说或沿袭成祖曲护之文，凡此皆见夏书有著作之体。列二书于几上，吾必进夏而退陈，不但可观而已也。

惟夏书亦有不餍人望处，每一事变，或一兵事，忠义官绅士女，死事之行，必详必具，就风教若可嘉，于体要则为滥。又无稽之说，往往因过用感情而滥存之，庚申君故事，其最著者。《考异》虽嘐嘐不已，其实宁有史料价值？其他神鬼报应，猥厕汗青，更属往往而有，以继温公之后，不免得罪先正。就此两点以绳二书，则陈氏《明纪》亦有转胜夏书者焉。要之续温公书大不易，徐、毕续宋元，既不足为定本，陈、夏续明事，亦复如是。

上皆自搜史料，而应用《通鉴》义例赓续成书，衍其家学者。

*　　　　*　　　　*

袁枢《通鉴纪事本末》四十二卷

上为宋人最先改纂《通鉴》自成一家者，为温公别派之甲。袁枢，字机仲，宋建安人。孝宗初，试礼部词赋第一，官至工部侍郎。

枢尝喜诵《资治通鉴》，而苦其浩博，及为严州教授，乃以暇日区别其事而贯通之，每事一篇，自为起讫，始于三家分晋，终于世宗征淮南，都凡二百三十九篇，各排比其次第，详叙其始终，命曰《通鉴纪事本末》。淳熙元年三月，杨万里为之序。二年秋七月，枢以摹本寄正朱子，朱子跋其后曰："古史之体，可见者《书》《春秋》而已。《春秋》编年通纪，以见事之先后。《书》则每事别记，以具事之首尾。意者当时史官，既以编年纪事，至于事之大者，则又采合而别纪之。若二典所记，上下百有余年，而《武成》《金縢》诸篇，其所记载，或更数月，或历数年，其间岂无异事？盖必已具于编年之史，而今不复见矣。故左氏于《春秋》，既依经以作传，复为《国语》二十余篇，国别事殊，或越数十年而遂其事，盖亦近《书》体以相错综云尔。然自汉以来，为史者一用太史公纪传之法，此意固不复讲，至司马温公受诏纂述《资治通鉴》，然后千三百六十二年之事，编年系目，如指诸掌。虽托始于三晋之侯，而追本其原，起于智伯，上系《左氏》之卒章，实相授受。伟哉书乎，自汉以来未始有也！然一事之首尾，或散见于数十百年之间，不相缀属，读者病之。今建安袁君机仲乃以暇日作为此书，以便学者，其部居门目，始终离合之间，又皆曲有微意，于此错综温公之书，其亦《国语》之流矣。或乃病其于古无初，而区别之外无发明者，顾弟弗深考耳。"三年十一月，参政龚茂良奏其书，孝宗读而嘉叹，以赐东宫，及分赐江上诸帅，曰："治道尽在是矣！"枢由是复召用，得与修国史。有名于时。

《四库提要》曰："案唐刘知几作《史通》，叙述史例，首列六家，总归一体。自汉以来，不过纪传、编年二法，乘除互用。

然纪传之法，或一事而复见数编，宾主莫辨；编年之法，或一事而隔越数卷，首尾难稽。枢自出新意，遂使纪传、编年贯通为一，实前古所未见也。"

案如朱子跋语所云，则枢书远绍《尚书》，近源《国语》；如《四库提要》，则枢书直为前古所未见。今案枢书以"纪事本末"为名，欲使学者逐事而循读之，然后得以穷其本末而悉其因果。究其著书之动机言，枢盖雅有特创之思，且排纂大事，约而不漏，其胸中经纬，笔下规模，实亦前古所未曾有。惟是纪事方法，不外以人、以年、以事之三纲，载笔者非此即彼，原不待于何人之创造。《纪事本末》规模尽甚宏伟，体例尽甚精密，必谓机仲未成此书以前，载籍中即无以事为纲之一式，亦属胶固之见。然则朱子跋其书，以谓与《尚书》中之《武成》《金縢》相近，固非深于史者不能言矣。章学诚《文史通义·书教篇》曰："自刘知几以还，莫不以谓《书》教中绝，史官不得衍其绪矣。又自《隋志》著录，以纪传为正史，编年为古史，历代因之，遂分正附，莫不甲纪传而乙编年，则马、班之史，以支子而嗣《春秋》；荀悦、袁宏，且以左氏大宗而降为旁庶矣。司马《通鉴》病纪传之分而合之以编年，袁枢《纪事本末》又病《通鉴》之合而分之以事类。按本末之为体也，因事命篇，不为常格，非深知古今大体，天下经纶，不能网罗隐括，无遗无滥，文省于纪传，事豁于编年，决断去取，体圆用神，斯真《尚书》之遗也。"寻实斋所以推重是书，亦在其体有得于《尚书》

遗意，与朱子合。又曰："书有作者甚浅而观者甚深，此类是也。"斯又以袁氏之学未足语此，特其为体，有与《尚书》初意冥合者在耳。

综而言之，古往今来，史实万千，将欲豁人心目而便人研究，惟视修史者之部勒史料如何以为定。编年之用，至《通鉴》而极矣。然欲寻一事之本末而隔越难稽，则尚有小不便。司马温公《目录》之作，欲使读者易于披寻，盖已预见斯弊所在，而有补苴弥缝之意。然是书只可作索引观，于所谓小不便者仍不能完全解决。有《通鉴纪事本末》之作，而后《通鉴》之文，因易读而读者益多，其陈事垂戒之功用亦益显，而温公补苴弥缝之方案，亦有进一步者在。是则枢之创为此体，乃最能得温公之心者也。得温公之心，斯不谓之贤弟子不可矣。

自袁氏创为此体，后世改纂日出，皆以"纪事本末"为名。袁氏为是书，原以矫编年之不便稽寻，乃由《通鉴》下一转手。后世踵为之者，如陈邦瞻之《宋史纪事本末》《元史纪事本末》，谷应泰之《明史纪事本末》，其所据之底本并非编年，乃直用《通鉴纪事本末》之体，自为采撰，与袁书之改纂《通鉴》者又自不同。则是虽名为"纪事本末"，核其诱因，又有貌同心异之别。虽斯体沿用愈广，不害其为崭新之体制。然就《通鉴》家学言之，其不须侈为论列亦明矣。故本编于列记纪事本末诸书，但限于改纂《通鉴》者。

杨仲良《皇宋通鉴长编纪事本末》一百五十卷

上为宋人最先用袁枢《纪事本末》之法,以改纂李焘《续通鉴长编》之书者。《四库》未著录是书,而阮元所撰《四库未收书目提要》有之。略谓:"焘书卷帙最为繁重,仲良乃别为分门编类,以成此书,每类之中,仍以编年纪事。太祖七卷,太宗七卷,真宗十四卷,仁宗二十四卷,英宗四卷,神宗三十四卷,哲宗二十六卷,徽宗二十八卷,钦宗六卷,共一百五十卷,各有事目,目中复有子目。汴京百七十年礼乐兵刑之沿革、制度政令之举废,粲然具备,可以案目寻求。而今所传《长编》足本,徽、钦两朝皆已阙失,藉此得以考见崖略,尤可贵也。"案杨氏此书,分门编类,又事目中复有子目,皆不尽依袁氏体。然杨书刻于宝祐元年,其人失考,其时可知,则首用袁氏法者仲良也。

阮氏又谓:"其书不见《宋史·艺文志》,而赵希弁、陈振孙、马端临诸家亦皆不著录,惟季振宜、徐乾学两家有之。"案王应麟《玉海》卷四十七,李焘《长编》条下,即载有杨氏此书,卷数并同,阮氏乃云仅季、徐两家书目有之,不考之过也。

今广雅书局有刻本,中阙数卷,阮氏《提要》亦云然。

朱熹《资治通鉴纲目》五十九卷

上为宋人改纂《通鉴》,于袁氏《纪事本末》之外,别启涂径,自成一家者,为温公别派之乙。朱熹,字元晦,宋婺源人,绍兴十八年进士,仕于外者九年,宁宗初,召为焕章阁待制侍讲，以忤韩侂胄，立朝四十日而罢。其学远绍洙泗，近宗伊洛诸家之说，于圣贤义理发明独多，集宋代理学之大成。

先是，绍兴八年，胡安国因温公遗稿，修成《举要历补遗》一百卷。乾道八年，朱子更因两公之书，别为义例，增损櫽栝，以就此篇。其书大书者为纲，分注者为目。纲仿《春秋》，而参取群史之长；目效《左氏》，而稽合诸儒之粹。《自序》有曰："表岁以首年，而因年以著统；大书以提要，而分注以备言。"全书体例，尽此四语。凡逐年之上行，书其甲子，遇"甲子"字，则朱书以别之。虽或无事，亦依《举要》以备年，所谓表岁以首年也。凡正统之年，如周、秦、汉、晋、隋、唐，皆于岁下大书，非正统者，两行分注，所谓因年以著统也。凡大书[1]，有正例变例——正例如始终兴废，灾祥沿革，及号令征伐、生杀除拜之大者；变例如不在此例而善可为法，恶可为戒者，皆特书之，所谓大书以提要也。凡分注[2]，有追原其始者，有遂言其终者，有详陈其事者，有备载其言者，有因始终而见者，有因拜罢而见者，有因事类而见者，有因家世而见者，有温公所立之言、所取之论，有胡氏所收之说、所著之评，而两公所遗，与夫近世大儒先生折衷之语，亦颇采附其间，所谓分注以备言也。顾以分注浩繁，爰属其事于门人天台赵师渊讷斋。朱子没

---

[1] 即所谓纲。
[2] 即所谓目。

后二十年，门人李方子等刻于泉州。

元人服膺朱学，以是书褒善贬恶，踵事《春秋》，尊信无两，如遂昌尹起莘之《发明》，永新刘友益之《书法》，皆尽心于纲之研究，为之疏通其义旨，即有疑义，亦必委曲以通其说。

然南宋时人，即颇有纠其舛误者，《通考》引李心传《朝野杂记》有曰："朱文公《通鉴纲目》条贯至善，今草本行于世者，于唐肃宗朝直脱二年之事，亦由门人缀辑，前后不相顾也。又自唐武德八年以后，至于天祐之季，甲子并差。考求其故，盖《通鉴》以岁名书之，而文公门人，大抵多忽史学，不熟岁名，故有此误。余因诸生有问，亦为正之矣。然则该贯古今，亦非可薄之事，但不至于丧志可也。"案文公在时，张南轩已与文公书，略谓："编《通鉴纲目》极善。以鄙见，每事更采旧史尤佳，恐《通鉴》亦有所阙遗。"则公之同调已有献疑之语矣。至元人汪克宽，作《通鉴纲目凡例考异》，凡刊本《纲目》与朱子《凡例》相戾者，一一标出，于是始有专为一书以订其误者，然犹归因于学者钞录与书肆传刻所致。

明末南昌张自勋著《纲目续麟》，始以《春秋》旧法纠义例之伪，且辨之曰："《纲目》一书，非惟分注非朱子手订，即正纲亦多出赵师渊手。刘友益误以晚年未定之本为中年已定之本，遂不求端讯末，强辨诬真。"因摘列旧文而辨正之。溧阳芮长恤作《纲目分注补遗》，更取分注之删削《通鉴》失其本事者，悉列原文于前，而推求事理考辨于后，其谓《纲目》分注非出朱子之手，亦与自勋同。二书皆不曲徇俗儒之说，与清人长洲陈景云之《纲目订误》，皆朱子之功臣也。

全祖望《书朱子纲目后》曰："黄榦尝谓《纲目》仅能成编，朱子每以未及修补为恨。李方子亦有晚岁思加更定以归详密之说。然则《纲目》原系未成之书。其同门贺善争之，以为《纲目》之成，朱子甫逾四十，而后修书尚九种，非未成者，又力言朱子手著。但观朱子与赵师渊书，则是书全出讷斋；本之朱子者，不过《凡例》一通，余未尝有所笔削，是左证也。著述之难，即大儒不能无余论，雷同附和之徒，遂以为《春秋》后第一书，可谓耳食。苟或能成朱子之志，重为讨论，不可谓非功臣也。但必为蚍蜉所大骇尔！"可谓词核而义正。处满地皆村学究之时，能为此言者，独一全谢山耳。

先是，是书自尹起莘、刘友益而后，又有望江王幼学之《集览》、上虞徐昭文之《考证》、武进陈济之《集览正误》、建安冯智舒之《质实》。明弘治中，莆田黄仲昭始取诸家之书散入各条之下，是为今本《纲目》之权舆。

清圣祖欲假《纲目》之威以统一史论，伸张帝权，爰因明末陈仁锡刊本逐加评定，由是《通鉴纲目》有御批之本。盖自朱子假《通鉴》为《春秋》，而《通鉴》始受创伤；自清廷假《纲目》为《圣谕广训》，而《纲目》又为专制人主利器之一。可谓每下愈况，去实事求是之史学远矣。

章炳麟曰："孔子作《春秋》，笔则笔，削则削，游夏之徒不能赞一词。晦庵则付之弟子而自居其名。唐乔补阙知之,有婢曰碧玉,善歌,知之为之不昏。不昏者,不娶妇也。《纲目》去一'不'字,曰知之为之昏①,纰缪之处,可见一斑。其所褒贬,颇欲与温公立异。三国以正统予蜀,持义固胜,而以南北朝年号并列,则昧夷夏之辨矣。温公推崇扬雄,《纲目》于天凤五年下,书'莽大夫扬雄死',则有意与温公立异。官职卑微,史不必书其死。史书凡例,蛮夷君长、盗贼酋帅曰死,大夫则称卒称薨。故曹操、司马懿之奸恶,其死也亦不能不书曰卒;乃于扬雄书曰死,此晦庵不能自圆其说者也。惟此书出赵师渊手,乃有此体例不纯之事。"又曰:"要之褒贬笔削,《春秋》而后,不可继作。《元经》一书,真伪不可知②。《纲目》则晦庵自视亦不甚重。尊《纲目》为圣者,村学究之见耳。编年之史,较正史为扼要。后有作者,只可效法《通鉴》,不可效法《纲目》,此不易之理也。"章氏反诘晦庵,扫除盲说,视全氏之言又为斩截矣。

陈桱《通鉴续编》二十四卷
胡粹中《元史续编》十六卷

上二书为明人就宋元史料,用《纲目》体例纂成之书。《纲目》为《通鉴》之别派,此二书则《纲目》之嗣子也。陈桱,

---

① 案首揭此文之误者为杨慎,见《丹铅杂录》"纲目减字"条。
② 案此书题王通撰,实为阮逸伪作。

字子经，元奉化人，流寓长洲，入明后为翰林编修。胡粹中，名由，以字行，明山阴人，永乐中，官楚府长史。

《四库提要》于陈书曰："桱世传史学，以司马氏《通鉴》、朱子《纲目》并终于五代，其咸烈以上，虽有金履祥《前编》，而亦断自陶唐，因著此书。首述盘古至高辛氏，以补金氏所未备，为第一卷。次摭契丹在唐及五代时事，以志其得国之故，为第二卷。其二十二卷皆宋事，始自太祖，终于二王，以继《通鉴》之后，故以'续编'为名。然大书分注，全仿《纲目》之例，当名之为《续纲目》。仍袭《通鉴》之名，非其实也。"其于胡书则曰："此书大旨，以明初所修《元史》，详于世祖以前攻战之事，而略于成宗以下治平之迹，顺帝时事亦多阙漏，因作此以综其要。起世祖至元十三年，终顺帝至正二十八年，编年系目，大书分注，有所论断，亦随事缀载，全仿《通鉴纲目》之例。然《纲目》迄五代，与此书不能相接，其曰'续编'者，盖又续陈桱书也。"二书祖述晦翁，诚《纲目》之嫡传，但自明修《续纲目》后，有官书起而代之，二书遂不显于世。

今按《纲目》之体，系年纪号最为义例所重。陈书于宋初兼存北汉之年，自太宗平刘崇后，始大书系统；金末帝承麟立仅一日，亦为之纪年；西辽自德宗以下，诸主年号，陈书亦详为分注；宋益王昰、卫王昺，在德祐降元之后，播迁海岛，陈书亦列记景炎、祥兴之年，以存宋统。此四者皆深得《纲目》之意，《提要》谓郑瑗《井观琐言》予之是也。胡书则不纪宋末二王之统，郑瑗以为"德祐北迁，闽广继立，宋之统绪犹未绝也，乃遽抑景炎、祥兴之年于分书，非《纲目》书蜀汉、东晋之例"。就《纲目》以言《纲目》，则瑗之所讥，亦殊中理。

章太炎以为经书颇有存亡继绝之意，是也。然清帝深恶此事，故戴名世竟以《南山集》论二王应称正统而得祸。乾隆帝以《续纲目》于景炎、祥兴仍用大书纪年，谓为阿狗不伦，乖史笔之正[1]。又谓知景炎、祥兴之不成为宋，而后遁荒弃国者，始不得以滥窃虚名[2]。乾隆又发特谕，谓元人北去，在漠北称汗，其裔至清初始尽，设国灭统存，则元祚不当尽于至正；武王灭纣，武庚亦将仍为正统。章太炎驳之曰："此不知史为中国之史，胡元非我族类，驱出境外，宁有再系其年号之理？武庚已受周封，备位三恪，岂可与益、卫二王即位岭海者同年而语哉？由今观之，爱新觉罗氏既作此国亡统绝之论，则辽东之溥仪自不得再有统绪之说可以借口也。"亦可谓词严而义正矣。

商辂等《续通鉴纲目》二十七卷
《通鉴纲目三编》四十卷

上为明清二代官修《纲目》，以续朱子《纲目》正编之书。商辂，字弘载，明淳安人，正统进士，官至大学士。

---

[1]《通鉴辑览》评语。
[2]《四库提要》语。

《续纲目》为辂等于成化中奉敕撰成，以陈桱、胡粹中二书为蓝本，专纪宋元两代之事。按朱子《纲目》，乃就《通鉴》取其史料，施以《春秋》义法；则商辂之书，亦宜先有《续通鉴》之佳本，乃得依据以为《纲目》。是时薛、王诸书皆未出，无论徐、毕，则其不免于舛漏，宜也。后有周礼为作《发明》，张时泰为作《广义》，无非迂谬。明季陈仁锡刊《纲目》全书，与《正编》《前编》合为一帙。康熙中，亦合刊焉，又冠以御批，多所窜改，实已非商辂之旧矣。其所指斥，固大抵皆是，然钦定之本亦绝不得谓为精善。《纲目》但重褒贬，史学甚疏，即使稍加刊正，亦岂得谓为精善之本哉？

《三编》为张廷玉等奉敕撰，其书成于康、雍之际。至乾隆四十年，又有《御定通鉴纲目三编》之重出。《四库提要》指廷玉原纂有二失：一为其书惟以笔削褒贬求书法之谨严，于事迹多所挂漏；一为边外诸部，于人名、地名，多沿袭旧文，无所考正。其时《御批通鉴辑览》已奉敕纂成，以帝王而操笔削，威权无上。重修之《三编》，于大书①即以《辑览》为准，于分注则核诸史传而补正之。其于边外诸部之译名，谓两宋国势削弱，往往译以秽语，泄其怨心，及明代而此习未除，不可不亟为厘正。其时方敕撰《辽金元三史国语解》，即准此以改用新定之译名。如兀术作乌珠，伯颜作巴延，忽必烈作呼必

---

① 即所谓纲。

贲……皆是时所改定者也。

今按史书最重事实之详备，《三编》加以补正，自为应有之事。若乃地名、人名，旧译相沿，已为读史者所共喻。审正译音，但可作法将来，不可追改既往。旧译为人之所便，追改旧名，则读史者将大感不便。清高宗猜忌为心，以为汉人于译名所用之字，有故相谑弄之意；名曰正音，实则与改定宋末二王书法同一动机，以此修史，乃史书之一厄也。曾文正谓自乾隆间改译辽金元三史人名，虽三朝诸臣最熟之名，亦使人茫然莫辨，故殿版虽佳，犹以三史为憾①。彼以清臣而犹为是言，则岂非天下之公言哉？毕氏《续通鉴》亦用改译之名，谭复堂尝引以为讥。《复堂日记》有曰："试问当年章奏文籍及其人自名，有不用旧译者乎？乌珠、巴延之类，起是人问之，或以为然；起同时人问之，且朦然莫辨耳。"近胶州柯劭忞编《新元史》，初版原从旧译，而新刻本乃又改遵乾隆间译名，亦不可解之甚也。

上皆取史料于《通鉴》，而自定义例，别张一军，遂成专门者②。

----

① 《曾文正公书札·致陈岱云书》。
② 分甲、乙两派，甲为纪事本末，乙为纲目。

（二）注释派

所谓注释一派者，《通鉴》文繁义博，非有笺注之书，无以贯穿其原委，疏证其名物。而多闻之士，世不一睹，精之与大，不能两兼。当温公书成之始，门人刘安世曾为《音义》十卷，而世不传，即使能传，亦仅限于音义而已，不足为《通鉴》功臣。南宋眉山史炤用力十年，作《释文》三十卷，今有其书，而浅陋粗疏，不一而足，适为后人辨误之资。故真能作注者，必也于音训，于史事，于历代制度沿革，皆审能得其会通然后可。换言之，萃温公、刘、范诸人作《通鉴》之精力，始足以笺注《通鉴》之书。又注疏之体，例皆回护本书，附会求合，此为说经者之陋习，以之笺史，则益有害于史实。故真能作注者，既能见本书之所长，又能兼知本书之所遗阙，随文纠举，视为当然之责任。以此言笺史，足知其事之不易矣。

而宋季天台胡三省身之秉承父志，以三十年之功，颠沛兵间，辗转杭越，至于三失其稿，而卒成宏博无两之《音注》二百九十四卷，是岂寻常流辈所能及哉？当胡氏初作注时，原亦如史氏《释文》之体，摘本书数字或数句而释之。后失其书，复为之注，始以《考异》及所注者散入《通鉴》各文之下。《四库提要》谓三省所释，于象纬推测、地形建置、制度沿革诸大端，极为赅备，可谓知言。其学尤长于地理。先是，王氏应麟有《通鉴地理通释》十四卷，为考证《通鉴》地理最早之书。而三省所注，于地理尤淹博，吾郡阎氏若璩极推服之。三省尝著《通鉴释文辨误》以折史炤《释文》之失，其中辨正地理者尤多，有一条云："晋、宋、齐、梁、陈之疆里，不可以释唐之疆里。"《提要》以为足为千古注书之法。

今案胡注地理之详赅，不待言矣。以注文观之，其于《通鉴》义例，亦往往随文疏解。如《魏纪》黄初七年："夏五月，丁巳，帝殂。"胡氏注曰："《通鉴》书法，天子奄有四海者书崩，分治者书殂，惟东晋诸帝，以先尝混一，书崩。"《宋纪》永初三年："五月，癸亥，帝殂于西殿。"胡氏注曰："自是以后，南北朝之君，没皆称殂。"如斯之类，常常有之。

而温公所著史书，注文亦常援引以著其异同。如《梁纪》天监三年："冬十一月，戊午，魏诏营缮国学。"胡曰："据《目录》，是年置四门小学。"又《梁纪》普通六年："柔然王阿那瑰为魏讨破六韩拔陵。"胡曰："《稽古录》是年书蠕蠕杀破六韩拔陵，在诛元义之下。"其下又书："柔然头兵可汗大破破六韩拔陵。"胡曰："按《系年图》，是年蠕蠕杀破六韩拔陵，《通鉴》明年书拔陵诱斩胡琛。"又《唐纪》武德八年："八月，庚辰，突厥寇灵武。甲申，灵州都督任城王道宗击破之。"胡曰："道宗所破者，癸亥寇灵州之兵，详见《通鉴举要》。"按胡氏所举《目录》，谓《通鉴目录》，与《稽古录》《系年图》《通鉴举要》，皆温公所著之史书也。以温公自著之书而彼此亦小有出入，故胡氏为按而不断之文。

其或《鉴》文有疏舛牴牾之处，胡注亦皆明著其失，无所回护。有正其采辑之误者。如《梁纪》天监五年："张惠绍弃宿预。"胡曰："此与后张惠绍闻洛口败本一事耳，解见后。"其下又书："张惠绍号令严明，所至独克，军于下邳。"胡曰："前既言张惠绍弃宿预遁逃矣，宿预在下邳东南百余里，此言军于下邳，是未弃宿预之前事。李延寿以此载之《临川王宏传》，《通鉴》因亦连而书之。"其下又书："时昌义之军梁城，闻洛口败，与张惠绍皆引兵退。"胡曰："此即张惠绍弃宿预一事也，《通鉴》因《南史·临川王宏传》所载者书之，遂至复出。"此类是也。有正其不合旧文之误者。如《齐纪》永明十年："魏罢租课。"胡曰："李延寿《魏纪》作祖祼。"《唐纪》开元二十二年："凿漕渠十八里以避三门之险。"胡曰："参考《新》《旧》志，乃是凿山开车路十八里，非漕渠也。"此类是也。有正其不应体例之误者。如《梁纪》天监三年："魏主幸伊阙。"胡曰："自南北分治，人主出行所至，《通鉴》皆曰如。自此以后率书幸，未晓义例所由变，盖一时失于刊正也。"又太清八年："八月，辛未，高澄入朝于邺，固辞大丞相。"胡曰："以《通鉴》书法言之，辛未之下，当有'东魏'二字。"此类是也。有正其叙次不明之误者。如太清二年书："景因火起，潜使人于其下穿城。城将崩，乃觉之。"胡曰："详观上下文，'景因火起'作'贼因火起'则于当时事势，文理为明顺。盖侯景与吴景淆乱也，读者难以明辨。"此类是也。又有兼正《考异》之误者，其事亦多，而关于地理者尤多，盖不能殚举。

有时胡氏因《鉴》文端绪复杂,或为分段提要之文。如《宋纪》元嘉二十七年宋、魏交兵,胡注分三段以晓读者,第一段曰:"自此以上,魏主分遣诸将事。"第二段曰:"此以上,柳元景攻关陕事。"第三段曰:"自此以上,魏兵向寿阳事。"此则有类于章句家。

有时胡氏或因史事而偶著议论。如因习凿齿赞司马大将军能以德攻,而谓凿齿晋人,其辞盖有溢美者;因桓温伐秦不渡灞水,而谓温以持重取败,为以智遇智之故;因石晋割十六州与契丹,而谓卢龙之险在营、平二州界,自刘守光僭窃,契丹据有其地,故同光以来,牧马直抵涿、易,是失险已久;至于因晋太后上表称新妇李氏妾,而叹臣妾之事,惟晋、宋为然,则又有亡国之痛焉。按胡氏自序,当初稿未失时,原有论十篇,今虽不可见,而其绪余犹可于注文见之,斯又有类于史论家焉。

然胡氏亦间有依违之语。如《宋纪》太始七年:"上寝疾,渊为吴郡太守。"渊者,褚渊也,胡曰:"萧子显《齐书·褚渊传》云为吴兴太守。按吴郡,近畿大郡也;吴兴,次郡也。渊以大尚书出守,当得大郡,吴郡为是。"夫史文明著吴兴,又未有他书可证为吴郡之误,胡氏但以尚书出守宜得大郡,明《通鉴》之不误,附会甚矣。又《唐纪》天宝六载:"五月,戊申,庆王琮薨,赠靖德太子。"胡曰:"'赠'字之上逸'谥'字,既曰赠矣,无'谥'字亦可。"案靖德谥也,明当有逸字,而又曰亦可,何哉？凡此皆不免迁就《鉴》文，致有依违之病，宜叶氏廷琯明著其失于《吹网录》中，而谓胡注有望文生义之误也。

正胡注之失者，自叶氏数条，及顾炎武、钱大昕各有数条，又长洲陈景云《通鉴胡注举正》三卷而外，清泾县赵绍祖又有《通鉴注商》一书，参研抉发，至八百余条。胡氏为《通鉴》之功臣，此诸人者，又胡氏之功臣也，故以附焉。

（三）订补派

所谓订补一派者，有一等学者，善读温公此书，常有献疑送难之语，少仅数则，多或成编，乃温公之诤臣也。《通鉴》书成，温公进表，固已自谓"自治平开局，迄今始成，岁月淹久，其间抵牾，不敢自保"矣。故胡致堂读其书，以为"自唐及五代采取微冗，日月或差"①，而归其故于小人之浮言，使光不得不促修成书。抵牾之失，信有由焉。然当时能读公书者本少，故批导入微之论不可多见。其致难于公者，率为正统之常谈。集中如《答郭纯长官书》，可为代表。此类虽多，固不足贵。居宋之世，真能怀疑而有得者，同修诸子外，刘羲仲、洪迈、王应麟数人而已。

羲仲，道原之贤子，承其家学，能读父书，尝与范梦得书，谓先人在书局，止类事迹勒成长编，其是非予夺之际，一出君

---

① 《通考》引。

实笔削；羲仲不及见君实，不备知凡例中是非予夺所以然之故，故以疑事质诸范氏。范虽有解答，犹复嘉其善问。今其书载《通鉴问疑》后，凡八条：一曰《通鉴》于薛包、茅容，尚具述事迹，屈原与日月争光，独不见书；二曰《通鉴》于荀、孟二贤，备书其语，而乃不次其传；三曰《通鉴》若言有统，不当分南北朝为帝，若言无统，不当书南北朝为主；四曰《通鉴》不书符瑞而书高祖斩蛇；五曰《通鉴》不书神怪而书寇祖仁藏金；六曰《通鉴》不书过褒之事，而书荀淑比叔度于颜回；七曰《通鉴》不书过贬之事，而书王凝之借鬼兵；八曰《通鉴》不以传疑为实然，而书冯太后鸩显祖。上高李祖陶称其"以矛陷盾，锐不可当，道原可谓有子矣"。

洪氏《容斋随笔》所讥二事：一为年号从后来者为定，颇有窒而不通之处；二为晋宋诸胡封建除拜，纤悉必书，皆无关于社稷治乱。

王氏《困学纪闻》考史两卷中，议论涉及《通鉴》者凡十一条，褒贬互有，得失并见。

元代有李冶著《敬斋古今黈》，盛如梓著《庶斋老学丛谈》，其中皆有批绳《通鉴》之条。是时《纲目》盛行，而《通鉴》学微，有此数书，已为翘楚。

直至清初，始有顾氏炎武于《日知录》中，举数事以正《通鉴》之失误，其说皆极精核，胡身之以外未曾有也。是时复有一专治《通鉴》之学者，与顾氏初不相谋，而卓乎有大贡献及于《通鉴》。顾氏虽精，然仅摘举偶得，不逮其博大远甚，是为嘉定之严永思。永思名衍，一字午庭，明诸生，入清不仕，专心古学，尤究心《资治通鉴》，以温公之书博大，不能无所舛失，乃取现存之正史，及为温公所采摭者，句勘字校，奋然为《通鉴》全书做拾遗补阙之工作，其有讹误，并加刊正。门人谈允厚志操与同，从而助之。竭三十年之精力，成《资治通鉴补》二百九十四卷。允厚作《后序》，列举史家之失有七：一曰漏，二曰复，三曰紊，四曰杂，五曰误，六曰执，七曰诬，而《资治通鉴》亦不能免。诸所辨正，皆确乎不可易，其例猥多，不可胜举。凡亭林顾氏所致难者，此书大抵皆已及之，而严书为通体改纂，尤亭林所不能望，盖胡身之以后所仅见也。惟是《通鉴》卷帙已甚浩博，君实有言："光修《通鉴》，惟王胜之借一读，他人读未尽一纸，已欠伸思睡。"今严氏又博稽史传而增益之，以文字言，固觉重腿为累；以阅读言，将益苦汗漫而难终。此其所系于是书之流行者亦非小也。阳城张敦仁条记严氏改正之点，为《通鉴补正略》一书，缩巨帙为小册，盖已有见于是矣。其尤不得温公之心者，如削《魏纪》而以帝统予蜀，区区正闰之论，何关史学？严氏病《通鉴》之有七失，为之辨正，此忠于史事之盛业也。若乃借年记事，本无抑扬，其系年之意，已具于汉中即位之一论。温公不以褒贬为事，而严氏乃援讲学家正统之说以乱之，不亦无谓之甚乎！严书虽为伟著，而此等处独为微瑕，不可不知。

（四）论断派

所谓论断一派者，温公之书，所以陈古风今，裨益治道，故纪述之不足，又论断焉以示君相；既已备引史官之论矣，而又有温公自为之论。其所以为鉴于现在及将来者，至深且切。

南宋张栻尝取《通鉴》中名论，为《通鉴论笃》三卷，可以见其切理餍心，而脍炙于人口矣。李焘读温公之书而有感于南渡之事，爰取《通鉴》中三国六朝胜负攻守之迹，撰为《六朝通鉴博议》十卷，是为后人专就《通鉴》史事而著为论断之始。明太仓张溥又以《通鉴纪事本末》每篇标目为题，作论二百三十九篇。其所论列，殆涉及《通鉴》全部，又视焘书所及之范围为博大。惟张氏文采较优，不专主于论史。其每篇常括叙史事，以为读者记诵之资，用意乃与清初郑元庆之《廿一史约编》有相似处。其文笔纵佳，要不得以史论目之。笃而言之，溥以论史为名，而潜导后生于襞绩藻绘之途，按其实际，空无所有，斯乃温公之罪人也。

惟衡阳王夫之《读通鉴论》十六卷，就《通鉴》史事，撦而论之，穷究因果，博深而切明，既非虚逞词华，又不同于凿空乱道。如论苏轼之学只为小慧，万不足以望贾谊；论李广但能好名市惠，不足以当利害之冲，武帝知之，故不使与单于相值；论汉元帝以四科取士，乃欲以柔惰销天下之气节；论张纲单骑诣贼垒，谕而降之，不足以止盗而只足为盗囮；论灵帝立三互之法，防禁之严而适以长欺；论祖逖不与石勒通好而听其互市，为赡财用、杜奸人之善术；论魏徵折封德彝之语为通论，而谓古不必淳朴，今亦不必浇讹。凡此之类，皆有独见存乎其间，足以发人神智。其笔端多含而善入，又能穷其意之所至而无所不达。其论两国交兵，不禁互市，与今战时已见实施之物资交换，若合符节，且既论之于晋明帝卷，又详究其利害于唐昭宗卷，由其识之卓，所以持之坚也。至谓府兵之制，徒以厉民，不若兵自兵而农自农；均田为虐民之政，上之谋之，不如其自谋，此等虽言之成理，而有时或失之偏宕。大抵崇门阀、重名分、尊流品、黜保甲，皆船山史见之不合于今日者。我国二千年来，操笔而论世者，率为士大夫。君子野人，俨成鸿沟。船山于此等处，固不能以自外。要其大端，既多伟识，则其思想之囿于时代者，置之可矣。且自有《资治通鉴》以来，一千余年，乃有衡阳王氏通体著论之书。今也崇而置之《通鉴》后继之林，以为读《通鉴》者尚及论古之一助。而即以风厉后学，见得以空文著书者，至少亦当如《读通鉴论》，乃非浪费笔墨。则史论之最低限度，于焉建立，不亦宜乎！

以上所举改纂、注释、订补、论断四派之书，据目录家所收，原不止此，以编者选择之中，自具断限，淘之汰之，归于私心所惬而后止。若以挂漏为讥，则非滑厘所能识也。

- 第七章 -

《通鉴》之得失与编年史之改造

《资治通鉴》既成，当时即为史部之显学。进御之始，神宗以为贤于荀悦。高宗对讲官言："读《资治通鉴》，知司马光有宰相度量。"①绍兴四年，遣章谊通问于金，即以《资治通鉴》遗金人。孝宗在明远楼下，顾谓皇太子曰："近日《资治通鉴》已熟，别读何书？"对曰："经史并读。"上曰："先以经为主，史亦不可废。"②此当时帝王之提倡也。

晁景迂曰："博之以五经，而约之以《孝经》《论语》；博之以太史公、欧阳公《史记》，而约之以《资治通鉴》。"洪景卢亦言："手抄《资治通鉴》三过，始究其得失。"张仲隆客崇安，筑室门右，不置余物，独取《资治通鉴》数十帙列其中，日尽数卷，即以通鉴名其室，而朱子为之记。王伯厚曰："自有

---

① 张端义《贵耳集》。
② 盛如梓《庶斋老学丛谈》。

书契以来，未有如《通鉴》者。"赵崇度少时，其父汝愚授以《通鉴》，曰："读是可以见古今兴坏存亡之故。"程端礼著《读书分年日程》，看《通鉴》在四书本经之后，《韩文》《楚辞》之前。自宋迄元，传习之盛如此，此当时学者之倾服也。

然元、明人多习朱子《纲目》，则读温公书者盖鲜。至顾炎武《钞书自序》乃曰：

> 自炎武十一岁，而授之以温公《资治通鉴》，曰："世人多习《纲目》，余所不取。凡作者，莫病乎其以前人之书，改窜而为己作也。班孟坚之改《史记》，必不如《史记》也；宋景文之改《旧唐书》，必不如《旧唐书》也；朱子之改《通鉴》，必不如《通鉴》也。"

清儒实事求是之精神，炎武实始开之。乾嘉以降，《通鉴》亦缘是而益见重于时。龚自珍《杭大宗逸事状》云：

> 大宗自丙戌迄庚寅，主讲扬州安定书院，课诸生肄"四通"。杜氏《通典》、马氏《文献通考》、郑氏《通志》，世称"三通"，大宗加司马光《通鉴》云。

曾国藩亦知重视《通鉴》，曾谓"六经之外有七书，能通其一即为成学"。七书者，《史记》《汉书》《庄子》《韩文》《文选》《说文》《通鉴》也。其与罗少村书，即专论《通鉴》，其着眼在经世与保家，原书略云：

> 足下俊迈之骨，深远之识，方今四方多虞，计必不能久处囊中。窃以先哲经世之书，莫善于司马文正公《资治通鉴》。其论古皆折衷至当，开拓心胸。如因三家分晋而论名分，因曹魏移祚而论风俗，因蜀汉而论正闰，因樊英而论名实，皆能穷物之理，执圣之权。又好叙兵事所以得失之由，脉络分明。又好详名公巨卿所以兴家败家之故，使士大夫怵然知戒，实六经以外不刊之典也。阁下若能熟读此书，将来出而任事，必有所持循而不至失队。叨在知爱，辄忘其愚陋，妄贡区区。

书中如"好详名公巨卿所以兴家败家之故，使士大夫怵然知戒"等语，最见士大夫阶级感情与阶级愿望，千载而下犹然冥合，有不觉其言津津者。曾国藩之重视《通鉴》与今日工人阶级知识分子重视《通鉴》，可谓迹同而心异者矣。然《通鉴》之学，遂益见重于古文家及历史学家。其弟子黎庶昌，遂作《周以来十一书应列学官议》，而《通鉴》居其一。刘恭冕致刘伯山书，论《通鉴》当补列为经，大意亦同。盖自宋、元、明三朝学者，震于紫阳《纲目》之权威，徒逞空谈，史学几废。清人崇而重之，《通鉴》之学再显，遂成六经以下必读之书。

一、《通鉴》之得

今欲讨究《通鉴》之书，其所以为得者何？则上文所举例证，皆足为解答之助。虽然，诸家所言，乃《通鉴》优点之散见者耳。彼虽各有所明，要未足以尽司马家学之全量。以我观之，《通鉴》之所以为得，盖有三端：

一曰《通鉴》合纪、传、表、志而为一编。编年纪事，本古史记之正法，观首章所举，自《谍记》而《春秋》而《左传》，其体例所因，昭昭然矣。顾年经事纬，不能依史料之性质为之区分类例，故司马迁、班固相继有作，于一书中区为纪、传、表、志，以消纳种种性质不同之史料。历代依之，号为正史，而编年之体浸微。荀悦、袁宏虽曾粗衍左氏之坠绪，而世莫之重也。自司马《通鉴》书成而左氏之家学中兴，其自道之语曰："因丘明编年之体，仿荀悦简要之文。"世人耳食，以为温公远绍左氏，近同荀《纪》而已，于公兼取正史诸体之用心，都未深考。

今按《通鉴》之为书，以正史之"纪"为质干，而取事于"传"以实之，又取典章制作之在"志"者，存其大端以编入相当之年，"表"中资料，参证亦多。正史中之纪、传、表、志，《通鉴》皆兼取焉。《史记》分之，《通鉴》合之，两司马之所以各有千秋也。清代学者，惟章实斋差为得之。惟实斋但言《通鉴》合纪、传与志，未言《通鉴》取资于表。余按《唐书·宰相世系表》，《考异》中明尝道及，且《通鉴目录》原附本书以行，其体即表之体也。至若丘明作传，意当时裒合众书，必有其事，而记载缺略，无可推寻。今观其书，并《世本》《国语》而综究之，传、纪、表、志四体，俨然具备，参第四章"《左传》之法"可知。荀悦因《汉书》而改纂，固自言所删限于行事，又言志势有所不能尽。盖志者，典章制作之渊海，悦自言不能尽，则所取绝少可知。故《通鉴》者，《左传》以后仅见之书，贤于荀悦之言，非虚赞也。

或谓《通鉴》既删采正史为之，则正史疑若可以废置。如冯时行叙史炤《通鉴释文》即曰："司马公不用纪传法律，总叙历代，以事系年，粲然可考，虽无诸史可也。"斯言也，王西庄《十七史商榷》已辟其妄。王氏之言曰："纪传编年，横纵经纬，不可偏废。司马公虽欲上续《左传》，究以十七史为依藉，方能成《通鉴》，岂有正史可无之意在其胸次耶？时行极力推尊，反失其本旨。"吾谓温公合正史诸体，而入于一编，只是为力不能遍读正史者，开一善巧法门。其于传、纪、表、志之材料，择其宜入《通鉴》者，融贯之而消纳之，非若俗人编纂《大全》《合钞》一类之书，尽董泽之蒲而无所遗也。正史自《史》《汉》以至《新》《旧五代史》，都凡一千九百七十七卷，《资治通鉴》才二百九十四卷耳。其格于体例，限于篇幅，而不得采入之宝贵史料，正复不知凡几。正史以宏富为体，《通鉴》以简要为归，各有攸宜，缺一不可。彼为诸史可废之论者，是直未曾探求温公编集之初心，于史学更不足言矣。

二曰《通鉴》合独断、考索而为一手。章实斋有言："由汉氏以来,高明者多独断之学,沉潜者尚考索之功,天下之学术,不能不具此二途。"盖独断者,有心裁别识,具于方寸之间,故发凡起例,独为专门之业。乃前无古人,而孤行其意者也。考索者,援据史料,网罗众家,以考验之法,判其真妄,而即以定其取舍。乃多闻而有所择,博学而要于约者也。斯二者,一则断之于心,一则索之于外;一则贵通,一则贵密。古来作手,鲜能两兼。非不欲两兼也,良由高明与沉潜,在本质上原有不调和之两方面,分途发展,遂成两家。

独断尚矣,而史迁旷代逸才,自创史体,后世犹有博不足之感,以言躇驳,更属所在多有。史迁尚然,何况余子?实斋置重心裁,略其小节,而责后世吹求之未当,就史学家之态度言,自应如是,然史书本以传信,疏于考核,则可信之程度以减,其疵病抑岂小哉?

若夫考索之家,虽有一节独到之处,于求真方面有甚大贡献,然材料可信,而不能自创鸿纲,成一家言,是徒擅拾遗补阙之功,竟少体大思精之作,则又有识不足之憾焉。史重义例,若此者亦复何贵之有?

故理想之作家,必也兼此二途而通具之。司马温公《通鉴》之作,其庶乎兼之也已!其制体所因,虽有左氏为其理想之标准,然绝非如貌似左氏者之亦步亦趋,常有特见寓乎其间。特见最为著作要素,有特见者,社会风俗、时代意识,举不得而拘系之,其精神气魄,常能旁溢于排纂史实之余,而于读史者有所指示,以成就其著书之副目的。其一部史书,无在而不为特见之所渗透,常能与读者以适当之影响,以范围之而曲成之。吾于第四章论《通鉴》史学,于此点已尝论及,本章所引曾国藩之语,亦非深于《通鉴》者不能言也。即以不别正闰一事言,当时直无与同调者,刘恕诘难之,范祖禹自著之书则显违之,同修《通鉴》者尚然,更无论乎赵某之私刊而擅改①。然温公无所回惑,其于曹魏纪年如故也。章实斋谓独断之学,"必有详人之所略,异人之所同,重人之所轻,而忽人之所谨"之数语者,《通鉴》当之矣。至于考索之功,吾且勿以虚词相礼赞,但观《通鉴考异》所为援引而抉择者,其心思固已摄入毫厘。吾于第三章论《通鉴》之史料及其鉴别,更已详哉言之。然则独断、考索二途,昔人病其难兼,而司马温公实已兼之。以此更观宋元以下续纂之书,真所谓一蚊一虻之劳者也。

三曰《通鉴》合史学、文学而成一家。温公之足为一史学大家,不待言矣。然古来擅史学者,不必即优于文事。故晁公武《郡斋读书志》谓刘恕《十国纪年》长于考异同而拙于属文。万季野亦尝谓其兄子言曰:"使我有汝笔,班、马不难企也。"其为王鸿绪撰《明史稿》,乃以属草属诸钱名世。此种例证,古多有之,而司马温公独不然。温公之于史,盖才、学、识兼

---

① 谓《历年图》。

擅者也。学以储积，识以鉴别，而才则以属文。其书虽为三人分修，而文字则彻始彻终如出一手，是何也？剪裁之事，炉锤之功，有非分修者所能赞也。自古绝大著作，其文辞未有不兼善者。盖美斯爱，而爱斯传，李习之所谓"温习者事迹彰，罕读者事迹晦，读之疏数在词之高下"。此虽文人之言，其理固不可颠扑。

温公之撰《通鉴》，以《左传》为理想之境界，伐薪于纪传杂史，而即以左氏叙事之法运其斧斤。今读其文，醇厚茂美，上下洽通，若机杼自成，而非自删节搭凑而来者，故非惟可观，而又可诵。其隔年首事之法，或以"初"字发追溯之文，又或穷其究竟而终言之，凡此皆用《左传》义例，不待言矣。以杂事入史，如颊上添毫，栩栩欲活，风味颇近小说，此境界亦自左氏得来。非惟妙肖左氏为长也，乃又有改进前人之处。《左传》书人，名号杂出，而《通鉴》必以名，使读者眼光不致淆惑，前既言之矣[①]。尤有进者，左氏虽开长篇叙事法门，然其弊常在有意为文，过求匀配，或故为错综；又或褒讥所在，用意微妙，非粗心人所能意喻；又笔墨简省之处，往往不先实叙，以后乃逐为点出。此等诚为文家高境，然就读史言，则殊欠爽朗，不免使读者过于耗心。《通鉴》剪裁穿插，经营位置，诚不能出左氏规模之外，然而大段落墨，片片平直，既不肯掂斤播两，

[①] 谓第五章。

尤不为弄姿逞奇之文。故纪事而至《通鉴》，有江出西陵始得平地之观。夫《通鉴》之追摹左氏，乃为文士所习言，世人所习知；若其改进左氏之处，则知之者罕矣，此固不可不知也。

温公既以左氏之手笔而为《通鉴》，故史学、文学，两擅胜场，为汉唐以后所仅见。中夏之士，有因悦其文辞而遂通其史事者，不可胜数。其余波所沾，又开后人以长篇叙事之榜样，如此者亦难悉数也。

是故史书最不易为。纯粹文人，罔知体要，其不足与于兹役明矣。而质悫无文之考证家，虽于史事粗堪凭信，而无温公之笔，则于传世行远之条件仍有未备。诵习之业既衰，则事迹以罕读而晦矣。此又不须遍举其例，而读者可以默会者也。

二、《通鉴》之失

进论《通鉴》之所以失。此在前贤纠谬之书，或条举如《日知录》，或专著如《通鉴补正》，其说猥繁，不可胜载矣。本书所着眼者，在其大端，过求繁细，良非述作之旨。故或义例已有定程而小小抵牾，或原书已有长编而失于检照，乃至岁阳岁阴之名，典而无当，宣王潜王之年，出入失考，凡此之类，前修虽多集矢，既具于书，可勿更论。又或滥登名贤家教，为世家子弟作箴规；备书人主家事及行幸所由，为专制帝王作起居注，自今日观之，一若是书专为特权阶级而作也者。又帝魏寇蜀，全无兴灭继绝之意，朱子《纲目》起而正之，实有合于人心之所同。不知此等缺陷，乃由限于时代意识而然。在温公，为人主纳忠，为士大夫说法，有所偏重，自当有所特详。帝魏寇蜀，与全书中之帝东汉与东晋者正相违戾。东汉、东晋，乃公所谓"子孙虽微弱播迁，承祖宗之业，犹有绍复之望"者，蜀汉亦复如是。而温公独不以帝统重之者，良由宋太祖以受禅开基，与魏之受禅于汉，正复同符；今若不予魏统，则无异否认本朝，此亦束于时代而不得不然，前人固已有论及之者。其谓刘备虽承汉后，不能纪其世次，是非不可知者，亦曰无可分说，而姑为之辞而已矣。故此等怀疑之点，今亦可置而不论。以我观之，《通鉴》之失，最可举者亦不越三端：

一曰系年方式之过整。温公系年之法，有一不变之方式，曰："凡年号皆以后来者为定。"如武德元年，则从正月便为唐高祖，更不称隋义宁二年；梁开平元年正月，便不称唐天祐四年。此种方式，可使一年之内，断归某主，而年号不至歧出；然究其所穷，颇有窒而不通之处。洪迈《容斋随笔》历举其例，如隋炀帝大业十三年，便以为《恭皇帝上》，直至下卷之末，恭帝立，始改义宁，后一卷，则为唐高祖；盖凡涉历三卷，而炀帝固存，方书其在江都时事。又如明皇后卷之首，标为肃宗至德元载；至一卷之半，方书太子即位。代宗下卷云"上方励精求治，不次用人"，乃是德宗也。庄宗同光四年，便系于天成，以为明宗；而卷内书命李嗣源讨邺，至次卷首，庄宗方殂。潞王清泰三年，便标为晋高祖；而卷内书石敬瑭反，至卷末始为晋天福。凡此之类，殊费分说。

按容斋所言，深中此种方式之失，处一年两帝之年，而但标一帝之年号，必至使读者迷眩，而生误会。即如《晋纪》卷八十二，书惠帝永熙元年春正月辛酉朔，改元太熙。胡三省注："太熙，武帝所改，至四月己酉，太子即位，改元永熙。"明明太熙为武帝所改，而观本卷所书，乃若为惠帝所改者。实则是时武帝未崩，惠帝犹为太子，在理宜书武帝太熙元年，而为一定方式所拘，遂致太子尚未即位，已大书永熙元年。不观胡注，则永熙元年改元太熙，成何文字？此其渚于心目，而害于事实，非细事也。《通鉴》本纪年之书，今拘于方式而远于实际，复何以为纪年之准则？故余于温公此种书法，深为不取，以为朱子《通鉴纲目》所用一年两系之法，既还两帝之真，又豁读者之眼，实远胜之。

二曰文化史料之太略。《通鉴》以记载治乱兴衰之迹为主要材料，而于文化史迹，不免贫乏。文化史迹，足以表现民族之经济生活、学术思想及其组织能力、创造能力，而社会组织有变更，民族有分合，则又有新生之高度文化。故文化史料，亘久而常新，吾民族之精神遗产在是，不可忽也。

我国历史，以特种阶级为主角，其记述史事，即多为特种阶级之思想产物；其于整个民族为自存而奋斗之迹，已多弃置。若此者，吾不能复责诸《资治通鉴》。今单就特种阶级思想产物之正史，其中所已记载之文化史迹，为《资治通鉴》所当采者而言，彼因着眼在"资治"二字，对于文化方面，每不能平均纂入之，因而颇伤阔略者，实亦多有。如书刘歆奏《七略》，而不书荀勖分四部；书班固著《汉书》，而不书司马迁作《史记》；书鸠摩罗什译佛经，而不书玄奘译佛经；书张衡作浑天仪、诸葛作木牛流马，而不书马钧之作翻车；书熹平三体石经，而正始石经不见于《魏纪》；书改《太和历》为《景初历》，而《太和历》不见于始作之年；书陈群立九品中正之法，而隋立进士科反阙然不载。凡此之类，可谓疏漏。其属于礼乐兵制者，虽比较上大致具载，然至多亦不过百数十字而止，不读胡注，即不能明其梗概何若。

固也吾不能谓温公之书，为绝无置重文化之意，观其书曹魏制律，独自李悝《法经》叙起；书梁修五礼成，又详叙齐以来修礼本末。其意亦欲上下贯通，读者刺而求之，可以自成线索。但其所重者，既在治乱兴衰，则掇述文物，其心力自难贯注。故以此较彼，不及什一。若是者，其不足以反映各时代之全般文化而克副通史之要求，断断然矣。

三曰作者情感之或偏。史以执中记事为义，稍涉情感，即失其是非之公。非必记同时之人有曲笔也，即剪裁旧史，取舍之间，亦所不免。即如扬雄者，温公所甚倾服之人也，雄草《太玄》，而温公作《潜虚》，其学术好尚有相似处。温公作《通鉴》，遍引诸家论史之文，而录自《扬子法言》者五焉。雄失身王莽，尝作《剧秦美新》以颂莽，刘棻被诛，雄惧祸投阁几死。其《法言》卒章，比莽伊、周。班固与雄有故，《汉书》中数引其言为重；雄传所载，亦隐恶扬善居多。《通鉴》于王莽天凤五年书扬雄卒，但言雄著书及恬退之德，于惧祸投阁几死之事，一字不加焉。其事在建国二年，是岁未书，亦未于他岁追记。平心论之，雄位卑而好著书，多深沉之思，是其所优；能文而不自爱重，以至献媚当涂，备见笑侮，是其所短。《通鉴》澄怀论世，两存其真，有何不可？今乃隐其一部分之遗行，与纲目家以追订之资，不亦舛乎？又如唐弃维州，从牛僧孺之言。自来论史者皆谓维州一弃，吐蕃难驯，唐将有西顾之忧；而献悉怛谋以快吐蕃，又足以寒向化之心，李德裕之言，尤不可非也。乃温公于是年发论，独伸牛以诎李。胡三省知温公之隐，则于注中发其微旨，以为当时国论，大指如此。夫温公①重启边衅，借端立论以戒时君，其意是也，其立言则非也。古今异时，唐有唐之是非，宋有宋之是非，今一概而相量，是以一时之情感，乱千秋之定论，公之立言，为有病矣。以温公之重德绩学，犹不免于滥用情感，于记事有所匿，于论事有所偏，则载笔之难可想。

以上论究《通鉴》之得失竟。

---

① 此处疑脱"反对"二字。——编者注

三、编年史之改造

《资治通鉴》之得失互见,观于上文所论列者,既已昭昭矣。若就现代史观以言《通鉴》,则其可议者将益多。盖《通鉴》之体可因,而《通鉴》之旨趣,不尽可因也。

《通鉴》之旨趣安在?则请取温公所自言者而评骘之。《进表》有曰:"迁、固以来,文字繁多,自布衣之士,读之不遍,况于人主,日有万机,何暇周览?臣常不自揆,欲删削冗长,举撮机要,专取关国家兴衰,系生民休戚,善可为法,恶可为戒者,为编年一书,使先后有伦,精粗不杂。"夫其鉴于迁、固以来之文字繁多,而欲删削冗长,举撮机要,以此为纂述之动机,虽为十一世纪之言,与今之二十世纪无以异也。特其所谓机要者,又有其自定之标准,曰国家盛衰,曰生民休戚,曰善可为法,恶可为戒。所谓国家之盛衰者,乃一姓之兴亡隆替,是《周易》所谓"开国承家"之国家,而非今日与"民族"一名词互用之国家也。界说不同,则意义各别。其意若曰鉴前王之废兴,庶几固有道之基于万年耳。是国家盛衰,即皇室之盛衰也。系生民休戚一语,似与今日注重人民福利者相若;以增进福利,可谓之休,否则谓之戚也。然所谓增进也者,处大乱之后,君相不扰其民,使之休养生息,各安畎亩,如斯而已矣。设有人焉,真欲增进其福利,如限民名田之类,则阻挠百出,而谤议随之。故对于人民休戚,直可谓毫无办法。惟开国之初，英雄老死，伏莽不兴，则有休耳。或值有道之君，不以租徭困百姓，百姓讴歌太平，亦可谓之休。然皆英主之妙用，初无与于根本之解放。是生民休戚一语，仅在消极方面有其意义，而非真有系乎最大多数之群众幸福，亦甚明矣。若乃"善可为法，恶可为戒"二语，其所鉴戒，更全在前代专制手段之利钝巧拙，不问可知。专制人主之所习用者，有二器：曰文字粉饰，曰武力镇压。其所谓善与恶者，视运用之善不善而已矣。夫以此等之旨趣为旨趣，则非置重全民幸福之今日作品所当用也。又况司马光进表，原自道本书之编集，乃为人主日有万机，不暇周览之故。梁任公之所以谥之为"帝王教科书"者，初非过谑。既为帝王教科书，则事事为帝王而取，语语为帝王而设。今若漫然而循用其旨趣，则将失之毫厘，而谬以千里矣。

故居今日而欲为编年之书，则必当附以新意义也明矣。今日之中国，优越的社会主义制度为史学工作者研究历史创造了良好的条件。凡前代专制主义所习用之粉饰与镇压之两大工具，已成"新过秦论"之题材。于斯时也，编年史之必需改造，不待言矣。有能者出，其必能上溯有史之年，下迄今兹，以新观点述旧史迹，取正续《通鉴》之史材而进退之，又取正续《通鉴》之所遗者而采补之，用编年之法而不局局于前人之型模，以成一有现代通史之意义之"人民通鉴"。

兹事体大，不可卒就。处今之时，所可借为创作之园地者，当为宋元明清四代之编年史。宋元及明虽有续《通鉴》之作而尚无定本，其本身或多或少皆各有其不甚健全之缺点；有清一代，且无踵纂之作。欲改造编年史，莫如惩诸家之覆车，而参用其个别所具之优点，就四代史料，勒成一书，或者即用毕书之名，命曰《续资治通鉴》。此一部大书，以续为名，当然犹是涑水家学之后继。但于保持优点之中，必当输以新史学之血液，亦犹《通鉴》虽续左氏，而其改造之点，乃非左氏所能及。盖吾人所望于后来者，乃司马氏之诤子，非但能为肖子而已也。

不特此也，理想之史家，必也独断之卓与考索之勤，双轮并运，以成其大而就其深。章实斋重视独断，虽具伟识，而轻视考索，未为笃论。或纪传体中，史迁偏于独断，班固偏于考索，二子尚然，故以为无能兼擅之者。不知编年体中，如左氏、司马氏，皆能成一家数，其精神面目，开卷而如揭，掩卷而常新；其网罗资料，博中有精，其精甚真。谓兼独断考索之长，苟具双眸，殆难否认。世运迁流，英华辈出，倘亦有人，能兼具独断之卓识，与考索之精心，一如丘明之于《左传》，君实之于《资治通鉴》，竭其数十年之心思材力，以成一种具有新使命之续鉴，社会国家，实受其赐，鼓之舞之，亦何能已！敢以研究《通鉴》之余，少竭论思，以编年史之改造方案，为有志者进一辞焉。

编年史之改造方案

甲、本书之全貌

一、纪传体一事数见，极不经济；编年合而为一，而意主简要，未能尽量。今兼取纪、传、表、志于编年史中，果其重要，不妨多量融入，故本书原则，应为编年与纪、传、表、志合一。

二、大众史迹，《通鉴》中极为贫乏，遇有叛变，但以犯上作乱视之，因果关系，全无了解。夏燮《明通鉴》叙闽盗邓茂七之乱，由不满田主租外受馈之故；南赣多盗，由献赀强宗为仆，事发辄倚庇拒捕之故。此等纪载，可谓一字千金。今撰《续通鉴》，宜增纂有关大众生活资料。如山西质库、五台僧兵、江浙等省之安清帮，皆口耳常谈，而史篇难见。欲矫其失，必须做到君相史迹与大众史迹合一。

三、《通鉴》所书，皆文治武功，于武事尤致其详。典章制作，殊伤阙略；学术思想，益难概见。得精而遗其粗，则吾民族之所以见重于世界者，果为何事？故理想之《续通鉴》，必须做到政治史与文化史合一。

四、人亦有言，左图右史。器物舆地，皆贵有图，庶几入目了然，文省而不繁。郑樵所谓"即图而求易，即书而求难，舍易从难，成功者少"。涑水《通鉴》忽焉，后世有作，宜做到图史合一。

乙、本书消极条件

五、涑水《通鉴》于帝王祠祀巡幸、兴作封建、皇子之薨，纤悉不遗，徒滋篇幅，何关治乱？外戚、后妃、宗室诸传，昔人重之，以尊君也。今则民贵君轻，举世同符，自宜删省。故《续通鉴》之作，必不滥载帝王家事。

六、《通鉴》为生人而作，日月五纬之变，何与人事？《史记》有《天官书》，又有《历书》；《汉书》有《天文志》，有《律历志》，又有《五行志》。今按律历有关推步，乃历朝官办之文化事业，不可不志，其余乃小道。占验之书，巫风之遗，不足存也。温公惟书日食，不书五星之变、五行灾异，可谓卓识。其实日食亦不足登。故《鉴》而可续，必不书天文现象。

七、温公论史最恶处士盗虚声，于樊英之征，深以名实相违为戒。故所著隐逸之士，徐穉、黄宪数子而外，不轻载笔。孝义则薛包、吉翂，亦累代而一见。夏氏《明通鉴》于孝子烈妇及死难绅民，滥收滥采，虽旨在有裨风教，如篇幅何？然则《续通鉴》中除必要者外，必不取消极史料。

八、昔人论《通鉴》，每推服其删削之功。夫选事诚不可吝情去取，而记事却不以过分高简为贵。谭献讥陈鹤《明纪》删削太过，至于事端不备，情辞不畅。使谭氏之言不谬，则《续通鉴》必不宜取高简作风。

九、清高宗防忌汉人，追改辽金元三史译名，以杜轻觑之渐。

毕沅、夏燮、陈鹤诸书,皆遵用焉,而注曰旧作某人,《通鉴辑览》亦然。卷中荆棘,莫甚于此。《续通鉴》旨在利便读者,必不用乾隆改译之地名、人名。

十、滥登虚诞史料,史多有之,温公于人之卓行伟节尚不肯收,何况虚诞?然《梁纪》书侯景之围台城,独著陆法和之预言,则删汰犹嫌未尽。清秦镜有《通鉴大感应录》二卷,皆此类也。科学大明之世,其鬼不神,故《续通鉴》不应更书虚诞史料。

丙、本书积极条件

十一、《通鉴考异》为温公鉴别史料而作,将以己之所信者期人共信,故别择固为精当,而史家之态度亦见焉。后世为续《通鉴》者,虽良楛不一,而《考异》大抵皆有。陈鹤《明纪》不登《考异》,乃由别有单行稿本,但未刊耳。诸家既皆由《考异》以审正史料,故史实可据者多。改造之作,于此等不宜轻改。清史无编年之书,《考异》亦不可不作也。又《考异》于年月辨别最严,夏书亦然,钱大昕《四史朔闰表》,并可取参。故《续通鉴》应最重《考异》,尤重朔闰。

十二、《通鉴》既不主褒贬,其于内外彼此之间,崩薨名字之异,亦有一定之书法。《纲目》缘而用之,又加密焉。《续通鉴》亦以统一用语为贵,故必当遵用《通鉴》之书法。

十三、左氏以文学手段融叙史料，美富无伦，钩贯有法。涑水从之，而去其华艳者与用意曲深者，遂使集腋之书，顿可诵读，此史书之一奇也。《续通鉴》而欲保持其优点，则必当步趋温公，使新书有文学情味。

十四、《通鉴》于南北分立之际，观其书法，若有主客之殊；察其叙事，实有平均之美。《续通鉴》于宋代兼载西夏、辽、金，亦当平均叙述，师《通鉴》之长。

十五、记事载言，自古并重。言出于口者，苟非身与，犹未可信。若其著于翰墨，发为奏议书牍，则经世之识见焉，其人之真实主张亦见焉。司马温公记唐事，于李绛、白居易、陆贽、李德裕诸公谏争之文，剪录甚多。今欲了解一时情势利病，以补官书记载之讳阙，则必不可不多录有用文字。

十六、系年之书，遇一年两帝者，纲目家皆从其在位与即位之实而两系之。故某月以前，书旧君年号，自某月为始，则又为新君著统，而大书新君之年号。涑水《通鉴》书法，一年两帝，以后来者为定，牵混不明，见讥容斋，有以也。今若续作宋元以下编年之书，必当兼采《纲目》一年两系之书法。

十七、《通鉴》年经事纬，其弊在一事经过，涉历数卷，首尾难稽；自袁枢书成，其困难亦少弭矣。今若续涑水之书，于此等处宜有所改进。清修《通鉴辑览》，《凡例》有一条云："凡一事而首尾相距颇远者，《纲目》于前后皆为立纲，虽起讫自明，而检寻未便。今皆量其事之本末，酌行总叙——或于初见一条，备言其终；或于最后一条，追叙其始。仍用'先是''至是'及'初'字、'寻'字等文，分别记录。眉清目朗，庶觉贯串非难。"此既弥《纲目》之缺点①，又隐合《纪事本末》之愿望。改进之书，亦当酌用综叙之法。

十八、元初之数帝、明季之辽东、清代之太平天国，官书而外，皆有外国史籍可以取参。毕沅作宋元《通鉴》，于此等资料，未及甄采。若有改造之志者，必宜多多访求，乃至原物、旧钞，及碑碣之后出者，皆应不惮重阻，取为搜采及考证之资。

十九、史书有论，昉于左氏。至《资治通鉴》，更于自发之论而外，兼取旧史官论赞之辞以足之。明修《元史》，无论赞，毕修《续通鉴》亦然，殆谓史贵直书，无取空文耶？然深见情势之言，足以发人神智，助人了解。史书欲人智，非欲人晻然不明也。但旧史论赞，多为官样文章，又其所言有极腐者。今欲效《通鉴》遗法，宜兼取当时文集中之名论，去其阿谀忌讳者与不合现代思潮者。

或曰：史之必需改造，千端万绪，此非十九条所能尽也，子为方案，乃仅如斯而已乎？曰：子无然！吾所著者《通鉴学》

---

① 《通鉴》亦有此缺点。

也，今欲为宋元以降著编年史，既踵《通鉴》之后，则必当以《通鉴》之骨干为骨干。夫以《通鉴》之骨干为骨干，所可从事者，亦只有存其优点而别附新义而已。史识贵乎明通，而最忌者，见地迂谬，染头巾气，《通鉴》之优于《纲目》者在是。《通鉴》以正史及三百二十二种之杂史为千狐之白，而《纲目》以《目录》及《举要历》为底本；一美当，一贫窭，一为开无尽之荒，一为耕前人之田，《通鉴》之优于《纲目》者是。《通鉴》既有自具之眼光，又有精确之鉴别力，又有左氏之文学手段，《孟子》所谓其事①其文②与其义③者，举无遗憾；《纲目》疏于考索，有义而无事，文亦仅能为拘牵笔削之文，《通鉴》之优于《纲目》者又在是。彼其优点甚多，撮举数端，已断非他种编年所能及。夫然，则惟有踵《通鉴》之后，而从事乎宋元明清四代之书，差为可以符合希望。吾之所为假定方案者，即以此种条件为假定之基础。既为踵作之书，则方案之可书者自合如是。他日者，果有心精力果之士，有见于编年之书可使读者有正确之时代观念，又可免翻览正史之不经济，负其伟愿，而成富有现代性之作品，则易读易解之人民通鉴，将应人民之需要而出世。

　　《资治通鉴》之可贵，在于史料之抉择力与组织力，踵事

---

① 谓精确之史料。
② 谓左氏之作风。
③ 谓自具之眼光。

丘明，本其余事。今著拘于形貌，过尚文辞，则现代青年难期卒览。祖国语言优美，书事载言，无施不可。张荫麟之《中国史纲》，即纯用语体为是，而读来转益生动，即其适例。此人民通鉴者，其必合史家传统优点与现代文学技术为一书。不宁唯是，新中国之指导思想既为马列主义之世界观，则人民通鉴之材料来源与指导方向，将一切皆与涑水之书根本异趣，又不待言也。

铅椠日新，英才蔚起，爱国之史学工作者其图之！

一九四五年二月二十八日写成
一九五七年十一月十八日订正

张煦侯《通鉴学》重版附言

辛德勇

我知道张煦侯先生这部《通鉴学》的时间很晚，是在修订拙作《制造汉武帝》的过程中，蒙友人相告，才知晓这部著作的存在。这固然是由于我读书太少，孤陋寡闻，不过若是勉强给自己找个开脱的理由的话，此书旧印本现在已经很不容易读到，也是一项客观上的限制因素。

此前我读到的《资治通鉴》导读书籍有两部。一部是崔万秋先生的《通鉴研究》，另一部是柴德赓先生的《资治通鉴介绍》。前者出版于1934年8月，被列在上海商务印书馆的《国学小丛书》之内；后者是在1981年10月由北京的求实出版社出版的。两本书各有特色，但都有些单薄。初读固然简明，但稍一深究，就都显得对相关问题的阐述不够充分。与那两部书相比，张煦侯先生这部《通鉴学》，是目前我所见到的一部论述最为详明的《通鉴》导读书籍了。现在重版这部著述，价值即在于此。对此，似已毋庸赘言。

张煦侯先生这部《通鉴学》，据其题署的成稿时间和自序写成时间，是在 1945 年 2、3 月间，正式面世，则在 1948 年 2 月，是由开明书店出版发行的（初版署名"张须"）。这个时候，所谓"中华民国"已经"国将不国"，人心浮动，市面萧条，这部书的印行，大概也不够广泛。

商务印书馆的《国学小丛书》，发行量很大，行世范围也很广，所以，崔万秋先生出版已十多年的《通鉴研究》，张煦侯先生没有不知晓的道理，也没有未曾寓目的可能。可是，他在《通鉴学》书中却只字未提崔书。原因，只能是在张煦侯先生看来，与他要写和写成的这部书稿相比，崔书不值一提。这是我们今天阅读这部《通鉴学》时首先需要了解的，在对比阅读两书时，尤其需要明确这一点。

现在许多人看到张煦侯先生这种做法，会觉得好像不符合所谓"学术规范"。其实现在很多人鼓噪的"学术规范"，有些要求和做法，事儿事儿的，整得很扯淡。作者有权利按照自己的意志来决定提什么不提什么以及遵循自己的意愿来安排怎个提法，甚至他也可以不看某些大牌名家的相关著述就动笔写自己的文章。怎么写，是我自己的事儿，看与不看，喜不喜欢，那是别人的事儿。

回到我们的主题。尽管张煦侯的书并不能完全涵盖崔万秋的书，我们也不宜读到张煦侯先生的书就把崔万秋先生的书视作废纸，但张煦侯先生有权利这么做，在我看来他也有相当充分的理由这样做——这部《通鉴学》的总体质量确实已经高出

《通鉴研究》很多。

柴德赓先生的《资治通鉴介绍》，其主体部分，是1963年作者给中共中央党校历史专业学员讲课的录音稿。书中另外附了两篇多少有些相关的讲稿，一篇是《陈垣先生的史学思想》，另一篇是《中国古代历史纪年问题》。

柴德赓先生在这篇关于《资治通鉴》的讲稿里，也没有提及崔万秋和张煦侯这两位先生已有的著作，原因可能主要是其授课对象文史知识的素养不是很高，不需要做这么多专业性的说明。另外，崔万秋先生和国民政府的关系较为复杂，这可能也是柴德赓先生不便交代相关研究状况的一项重要原因。然而以柴德赓先生读书的广博程度来看，他应该是读过崔万秋先生的《通鉴研究》和张煦侯先生《通鉴学》的。

不管是崔万秋先生的《通鉴研究》，还是张煦侯先生的这部《通鉴学》，或是柴德赓先生的《资治通鉴介绍》，尽管这几部著述的侧重点微有出入，但是其共同具有的一项核心内容，就是给《资治通鉴》做导读，帮助初读《通鉴》的人更好地阅读此书，理解此书，运用此书。张煦侯先生在《通鉴学》的自序中称"乃观庠序承学之子，其真能爱叹诵写，知《通鉴》之所以为《通鉴》者，复不可便得"，所以才动笔撰写这部书籍，即已清楚阐述了这一点。

基于上述三书连环相套的实际情况，下面，作为中国古代文史学界中一个读过一点点《通鉴》、用过一点点《通鉴》的普通学徒，我想从自己十分有限的学术经历出发，在上述三书既有的基础上，简单谈一谈自己对相关问题的初浅理解。这样的理解，若是能够对崔万秋、张煦侯和柴德赓这些先贤既有的研究成果有所补充和发挥，能够对和我一样想要阅读《通鉴》、利用《通鉴》的读者多少有所帮助，那将会让我感到极大的欣慰。

一、怎样读《通鉴》

第一个问题，是怎样读《通鉴》？关于这一问题，我想先在张煦侯先生等人已有论述的基础上，补充说明一下普通非专业读者应该怎样入门，即怎样走近《通鉴》，怎样走入《通鉴》一书。

司马光的《资治通鉴》，是一部非常重要的史学著作，甚至可以说是一部辉煌的史书，然而正如俗语所云，曲高和寡。好的书籍，并不一定就适合更多的人阅读，至少不一定不管是谁一上来就能读、就能读得下去并读得出兴味来。

按照我的看法，《资治通鉴》就是这样一部书籍。据帮助司马光纂修《通鉴》的主要助手刘恕的儿子刘羲仲讲，司马光本人，尝自言当时人对他这部书的态度：

> 光修《通鉴》，唯王胜之借一读。他人读未尽一编，已欠伸思睡矣。扬子云云："后世复有子云，《玄》（德勇案：

应指扬雄著《太玄经》,司马光很是推崇此书)必不废矣。"方今《春秋》尚废,况此书乎?聊用自娱余生而已。①

对于真心问学的学人来说,读书做学问,最忌故作高深。尽管如刘羲仲所云,司马光撰著此书,其"用意远矣,非为寡闻浅见道也"②,读者尠少,并不等于作者写得孬,但司马光在这里讲的,是老实人讲的大实话,实际情况,就是这么个样子。

对于何以会造成这样的情况,柴德赓先生解释说:"是因为它与科举考试无关。从前,一般人读书是为了作诗、填词、应考,他看《通鉴》干什么?"这样的说法,我觉得未必合适。原因,是科举考试的功利性目的只会决定人们看与不看,不能导致读者"读未尽一编",便"已欠伸思睡",不信,你给他本《金瓶梅词话》试试?科举考试从来也不考这种"淫词小说",可是很多人都看得津津有味。至少在初次展读时,绝大多数人绝不会昏昏欲睡,甚至心跳血压还会有超常反应。道学先生们或许会说《金瓶梅词话》太不正经,或者故作纯真说不知道这是一部什么样的书,那么不妨换一部正儿八经的史书,换成太史公写的《史记》试试,同样是不会出现"读未尽一编,已欠伸思睡"的状况的。

---

① 刘羲仲《通鉴问疑》。
② 同前注。

造成读者接受困难的原因,是《资治通鉴》的体例不甚适合一般阅读。

《资治通鉴》是严格按照史事发生的时间进程载录其事,故称"编年体"史书。历史是时间的科学,而这种体裁史书最大的长处,就是时间脉络清晰。早期的编年体史书,如《春秋》,只是寥寥数语记载一些特别重大的历史事件,这种状态的编年体史书,呈现的只是其优长的一面。

后来出现了给《春秋》这干巴巴的"骨头"增添很多"肉"的《左传》,载录的史事细节一多,前后演进的过程一丰富,其缺陷就开始体现出来:一件较大的历史事件,前前后后,往往都要持续一段时间,在编年体史书中就要断断续续地持续载录其一个个演变的环节,而在这一过程中,又不止一件事两件事在同时并行着发生、发展,相互穿插,相互纠结,这就使读者在阅读的过程中难以连贯地把握一件史事的来龙去脉,甚至可以说大多数史事都呈现为一种七零八落的状态。由于《左传》的篇幅毕竟还很有限,这样的缺陷也还不是十分突出。另外,《左传》是与《春秋》相辅而行的,实际上等于有纲有目,这样的结构,也使其叙事的眉目变得清晰一些,从而也在一定程度上降低了这一缺陷的消极影响。

司马光撰著的《资治通鉴》,载录的史事大幅度增多,同时其纪事也没有纲下设目的层次的区分,这种缺陷就变得非常突出了。一件事儿,刚看一个开头,紧接着就出现诸多八竿子也打不着的其他事项,然后才会出现读者所关注事件的下文,接着又是诸多毫不相干的其他史事,不知又过了多长时间、经历了多少其他事件之后,才能重又回到原来的线路上。面对这样的叙事形式,除了一小部分特别专注于研治历史的人,大多数人看着看着就哈欠连连,应该是必然的事情,一点儿也不奇怪。

然而,《资治通鉴》毕竟是一部非常优秀的史学著作,其最大的优胜之处,就是通过细致的考订,比较清楚地排定了各项重要史事的前后时间次序。这一点,对比一下最著名的纪传体史书《史记》和《汉书》,就可以看得一清二楚。在这样的纪传体史书中,不同纪传之间载录的相关史事,其前后时间关系交错纠结,阅读时,头绪往往不易梳理清楚。司马光花费巨大心力,以政治和军事活动为核心,把这些散乱的纪事,归纳合并到同一时间序列之中,使人们更加清楚地认识和把握历史发展的来龙去脉,为功甚巨。这部书为我们阅史读史铺设了一个重要的基础,也提供了很大的便利。

那么,究竟怎样利用《资治通鉴》这部书才好呢?在这里,我想向各位初读者推荐一部根据《通鉴》改编的书籍——南宋人袁枢编著的《通鉴纪事本末》,建议大家先从这部《通鉴纪事本末》入手。

《宋史·袁枢传》记载说,因袁氏"常喜诵司马光《资治通鉴》,苦其浩博",故另辟蹊径,"区别其事而贯通之,号《通鉴纪事本末》"。其实应是如上所说,鉴于《通鉴》按年月日纪事而带来的不便,从而另行创制新法,从战国初年的"三家分晋"开始,到最后"(周)世宗征淮南",共设立了二百三十九件史事作为标题,将《通鉴》中相关的原文按先后次序编录到一起。实际上这是一件件始终连贯、首尾分明的"大事记",于是不劳前后翻检寻绎就能通读一件重要史事的始末,所以袁氏把书名称作《通鉴纪事本末》。

清朝官修的《四库全书总目提要》,称史书"自汉以来,不过纪传、编年两法乘除互用,然纪传之法或一事而复见数篇,宾主莫辨;编年之法或一事而隔越数卷,首尾难稽。(袁)枢乃自出新意,因司马光《资治通鉴》,区别门目,以类排纂,每事各详起讫,自为标题,每篇各编年月,自为首尾。……数千年事迹,经纬明晰,节目详具,前后始末,一览了然"。这种评价,很好地体现了《通鉴纪事本末》一书在史书体裁上的独特优势。若是换一个角度来更加清楚地表述《通鉴纪事本末》与《资治通鉴》这两部书的关系,不妨说《通鉴纪事本末》一书的内容,字字句句都是司马光的原话,袁枢只是对司马光这些话做了新的编排,读者在这本书中读到的所有文字,仍然可以说是出自司马文正公之手。

关于袁枢《通鉴纪事本末》更多的情况,张煦侯先生在《通鉴学》中已经做了很具体的叙述,读者自可检读,无须我再多予赘言。我在这里想要特别强调的是,不管是崔万秋、张煦侯,还是柴德赓,尽管这几位先生都对《通鉴纪事本末》一书给予了很高的评价，但他们这些学者并没有人建议读者将袁枢此书作为阅读司马光原作的先行读物。像相对比较积极地推崇此书作用的柴德赓先生，也只是说"《通鉴纪事本末》印出以后，给了读《通鉴》的人很大的帮助。碰到有关的二百三十九件事情，就不用看《通鉴》，看袁枢的《通鉴纪事本末》就行了"。

如前所述，柴德赓先生这些话，只是在一次讲演中针对特定对象随口而说的，并不是特别严谨的学术性表述，他所说的"不用看《通鉴》"，指的应该是社会上的普通读者，而不会是中国古代史的专业研究人员。即使如此，我的想法，同柴德赓先生上述看法仍然有着本质的不同。

我建议，一般非专业人士要想阅读《资治通鉴》，最好先从袁枢的《通鉴纪事本末》开始。具体来讲，主要基于如下考虑。

在直接阅读《资治通鉴》之前，人们对这部书的了解，通常只是中学课本编选的片段，或是普及性《通鉴》选本，而这样接触到的《资治通鉴》的内容，一般是不会触及前文所说这部书在叙事形式上不适合一般阅读的那些特点的。若是在这种情况下骤然接触《资治通鉴》的原文，读者眼前必然是一派混杂凌乱的景象，茫然摸不到头绪。

我提议先看《通鉴纪事本末》，是觉得这部书会在两个方面，给这些读者提供一个铺垫，或者说是架设一道上坡的引桥。

一个方面，是通过阅读这部书，预先对《通鉴》所记述的战国至五代时期的历史发展过程，有一条主线。

现在大多数人所接受的历史知识，是从小学到大学的教科书体系。这个体系，比较强调某些官方想要人们接受的概念。抽象的东西，明显占有较大的比重，而对具体的史事却重视不足。以这样的知识储备，骤然阅读"一事而隔越数卷，首尾难稽"的《资治通鉴》，所获得的印象，难免支离破碎，从而令人无法卒读。

前已述及，司马光《资治通鉴》载述的史事，是以政治和军事活动为主脉的，而《通鉴纪事本末》摘取的就是这条主脉上的一系列重大事件。因而读过《通鉴纪事本末》，就能使读者对《资治通鉴》的主体内容，有一个大致的了解，脑子里先有一条比较实在的脉络，这样才便于大家按照司马光排定的时间次序，渐次展开那一段段过去的历史，顺序走入那一段段过去的历史。

另一个方面，以这样的阅读为背景，读者就很容易明白，《资治通鉴》书中那些从表面上看似乎七零八落的内容，只要你静下心来慢慢阅读，就会看到不同时期各项历史活动的前后连续和不同事项之间的相互影响。重要的是，每一位读者都要明白，自己需要在阅读的过程中去慢慢寻绎，静静思索，这样才能读得懂《通鉴》，弄得通《通鉴》。这不是一件很容易的事情，不是听人家说《资治通鉴》有名，说《资治通鉴》写得好，你买过来一本，便一下子就能看得下去的。

总之，我认为《通鉴纪事本末》几乎可以说是普通读者阅读《通鉴》的必备阶梯，只有先读过《通鉴纪事本末》，才能读好《资治通鉴》。

　　这个看法不一定很妥当，仅供大家参考，但关于这一看法，我还想补充说明一下我对相关问题的一般性认识。不管是学习哪一方面的知识，初学者总希望能有专家帮助提供一些指导性的意见。现代社会知识分化越来越细，这种需求也就会越来越强烈。不过在提供指导意见的专家一方，给出的方案却往往不尽一致，彼此之间甚至会有很大冲突。学问一个人一种做法，出现这样的差异本来是很正常的。在这里我想说明的是，在谈论治学方法或是读书路径这一问题时，或许可以把这些提供指导意见的专家划分为"说实话派"和"唱高调派"两大派别。顾名思义，大家会明白我说的这两派指的是什么。我愿意做一个"说实话派"，尽管这实话说出来可能显得很土，但它实在。

　　在怎样阅读《通鉴》这一问题上，接下来我想谈一下怎样合理利用《通鉴目录》的问题。

　　司马光在撰著《资治通鉴》这部书的同时，还另修成《资治通鉴目录》三十卷。这《目录》也被称作《通鉴》的"大目录"。司马光在自序中说明其编纂缘由曰：

> 　　编年之书，杂记众国之事，参差不齐，今仿司马迁年表，年经而国纬之，列于下方。又叙事之体，太简则首尾不可得而详，太烦则义理汩没而难知。今撮新书精要之语散于其间，以为《目录》。

清官修《四库提要》概括这部书的特点是:"其法年经国纬,著其岁阳岁名于上,而各标《通鉴》卷数于下,又以刘羲叟《长历》气朔闰月及列史所载七政之变著于上方,复撮书中精要之语散于其间。"亦即相当于一份"大事年表",而实际上各个历史时期的写法亦不尽相同,根据不同时期的特点而有所变化。

这部《目录》,现在很少有人阅读查用。中华书局点校本《通鉴》,也没有一并印上这个"大目录",这可以说是中华书局点校本《资治通鉴》的一大缺憾。不过过去的《四部丛刊》本和《四部备要》本都很容易找到,想要阅读,并不困难。

出现这种状况的原因,是现代人一般觉得,《目录》对于研治史事并没有什么直接用处,对考订史事有大用的乃是司马光与《通鉴》同时撰著的另一部辅助书籍《资治通鉴考异》。不过司马光之所以要编著《通鉴》,其中一项重要的技术性原因,乃是读史者碍于历代史书篇帙繁博而"不暇举其大略"[①],可《资治通鉴》成书后卷次几近三百,常人依然不易骤然"举其大略",故编此《目录》,以备检寻"事目",也就是逐时查找史上每一个年头发生的大事,这对查阅具体史事,自然会提供很大便利。在阅读《通鉴》时,最好还是能够有一部《资治通鉴目录》放在手边,与之并读。这一点,张煦侯等人都已经指出。并且,张煦侯先生还特别指出,司马光在《通鉴》正文

[①] 刘恕《资治通鉴外纪》引言。

中，于"天文现象不备书，书于《目录》"，这也是值得读者注意的一个重要事项①。不过我在这里强调要重视这个"大目录"，还有如下两点原因。

首先，除了便于查找特定的内容，通读《通鉴目录》，对通贯认知历史大势，也会很有助益。《通鉴》的纪事，从战国一直持续到五代末年，事项纷杂。阅读《通鉴纪事本末》，可以帮助我们从总体上把握这一段历史的大势，但那是以大事为单位，实际上已在很大程度上脱离了《通鉴》自身的轨辙，而《通鉴目录》只相当于《资治通鉴》的浓缩。故披览《通鉴目录》，也可以帮助读者寻绎历史在时间轨迹上行进的脚步，获得的印象，宛如逐时延展的一个个大脚印，就是两个脚印之间的空档大了一些。

其次，《目录》中司马光在每一年份下对史事的取舍，更因直接体现司马光的看法而具有独特的史料价值。譬如匈奴浑邪王太子金日䃅得以进入汉朝政治中枢，缘于其身没入官，为汉庭养马，武帝携后宫游宴察看，当时"后宫满侧，日䃅等数十人牵马过殿下，莫不窃视，至日䃅独不敢"，从而引起汉武帝注意，召问应答得体，拜为马监，由此一路升迁，被武帝用为心腹，"出则骖乘，入侍左右"，临终时又被命为顾命大臣，

---

① 司马光这一做法本身，是所谓"唐宋变革"的一个重要体现，表明北宋中期以后，精英知识阶层的主流在很大程度上已经抛弃天人合一的说法，所以在《通鉴》正文中多略去天象记录而仅将其列入《目录》以备查。

辅佐少主昭帝①。金日磾因谨守规矩不乱窥视而引起汉武帝注意这件事本身，不管对武帝一朝，还是对整个西汉历史来说，无论如何也算不上什么重大事件。司马光虽然在《通鉴》本文中特地予以记述，胡三省却以为这只是"为金氏贵显张本"。但这段史事在《通鉴》中只是附著于浑邪王降汉事下，并不显眼，可我们若是检读《通鉴目录》，却可以看到，在元狩二年栏下，继"浑邪王降"这一大事之后，竟然写有"金日磾牵马不窃视"这样一条纪事。这就提示我们，司马光如此重视其人其事。个中缘由，相当耐人寻味。

由这一事例可以看出，在阅读《资治通鉴》一书时，若能在必要的时候，同时参看一下这部《通鉴目录》，将会帮助我们更加准确地把握司马光的主观价值倾向，而且可以避免因受其观念左右而对历史事实产生错误的认知。

二、怎样认识和理解《通鉴》载录的史事

在通过《通鉴纪事本末》这一"引桥"进入司马光的《资治通鉴》之后，一点儿一点儿地用心去读这部史学名著，自然就会一边读，一边产生一些想法，这就进入了我想在这里补充

---

① 《汉书·金日磾传》。

说明的第二个问题的范畴,即怎样认识和理解《通鉴》的内容。

读书是为了求知,读史会涵养我们的心灵,提高我们的人生境界,但孔夫子早已说过:"学而不思则罔。"要想在阅读史书的过程中确实有所收益,而不是装样子、凑热闹,当然要边读边想,想想究竟应该怎样去认识古人做过的那些事儿,究竟应该怎样去理解古人做过的那些事儿。

想当年,孔老夫子在"学而不思则罔"这句话的下面,紧接着还讲了一句好像是反着说的话:"思而不学则殆。"这句话讲得可是有些厉害了。有人把这个"殆"解释成"危殆"的意思,也就是说,光一个人自己困守书斋胡思乱想,弄不好是会出问题的,这也就是俗话所说的"走火入魔"。

在现代社会生活中,不管做什么事儿,最好都能先适当利用一些专业人员业已取得的重要成果。读《通鉴》,前人已有的重要成果,大致可以分为两个大的方面。

第一个方面,是注释、考订史事的著述。这类著作,可以帮助读者清楚地认知史实,现在附在《通鉴》一起的司马光自著《通鉴考异》和胡三省注(正式的书名是《资治通鉴音注》)最为重要。张煦侯先生的《通鉴学》等书,对这两种著述都有比较具体的介绍,我不必再多加说明,而对于绝大多数普通读者来说,有了这两种书籍,也就大致可以应付了,读不读其他同类著作,已经关系不大。所以,在这一方面,我就不再多赘笔墨了。

唯一需要稍加补充说明的是，元朝人胡三省给《通鉴》所做的注释，特别注重地理位置的考释和说明，其精湛和详明的程度，都颇受后世阅读《通鉴》的人称赞。第二次世界大战日本侵华期间，陈垣先生曾撰有《通鉴胡注表微》一书，特地阐发胡三省撰著此书的思想内涵和学术方法。柴德赓先生是陈垣先生的学生，在《资治通鉴介绍》中对老师这部著述曾略有说明。

陈垣先生在这部书中，尤为注重揭示胡三省寄寓其间的时政意义，也就是他的反元复宋思想，可是对胡三省给《通鉴》地理所做的注释，却仅是很浮泛地论述说：

> 考证为史学方法之一，欲实事求是，非考证不可。彼毕生从事考证，以为尽史学能事者固非；薄视考证以为不足道者，亦未必是也。兹特辑存数十条，已备史学之一法，固知非大义微言所在也。①

地理考释当然不是每一条目都有微言大义，但胡三省注《通鉴》而特别关注地理，却并不仅仅是为了纯学术的考证，而是别有深意寄存其间。

若是稍微拓宽一点眼光来看，在中国学术史上，读前代史书

---

① 陈垣《通鉴胡注表微》之《考证篇》第六。

而特别究心于古今地理的沿革对照,一直与危殆的政治局势具有密切关联。如宋末亡国之际,王应麟写成《通鉴地理通释》一书,即自言欲通过考稽历代地理形势,"以为兴替成败之鉴"①。胡三省是王应麟的得意门生,王应麟撰述《通鉴地理通释》的旨意,对他不能不产生影响。胡三省在其《通鉴注》的自序中就曾讲道:"用兵行师,创法立制,而不知迹古人之所以得,鉴古人之所以失,则求胜而败,图利而害,此必然者也。"显而易见,这与王应麟以《通鉴地理通释》为"兴替成败之鉴"的旨趣是一脉相承的。理解这一点,我们才能更好地理解和利用胡三省《通鉴》注中的地理内容②。

人们在阅读《资治通鉴》一书时,可以考虑利用的第二个方面的前人成果,是"史论""史评"性书籍,也就是前人对司马光《资治通鉴》所做的评论。

这类书籍,是在《通鉴》流行于世之后,读之者日众,于是有许多人,纷纷针对《通鉴》的记载,来评议相关的史事。这类著述与上一类书籍最重要的不同,在于其不是说明或考订史事,而只是针对《通鉴》的纪事发表读史者的看法。

这些看法,或有助于读者切入历史内部,更好地认识到什么是更具有本质性特征的问题,认识到事件的前因后果,还有

---

① 《通鉴地理通释》卷首王氏自序。
② 我对《通鉴》地理注的这一看法,过去已经发表在《清后期的历史地图》一文当中,后来收入拙著《困学书城》,感兴趣的人可以查看我更详细的表述。

究竟是基于哪些因素才造成了读者所看到的局面。总之，是大家怎样认识和理解史事的问题。

这样的问题，虽然因人而异，不可能也不宜求取共同的看法，但初读《通鉴》的人最好能够先有所凭借。通过这些凭借，引导你入门，先对一些重要的史事有个初步的看法，并了解认识历史的途径和方式。至于进到门里之后，如何登堂入室，最后到底怎样看待《通鉴》所载录的历史，那完全是每一位读者自己的事儿。

下面，就介绍几种在这方面能够对读者起到较大助益的著述。

在这类书中，最重要的一部，是清初学者王夫之的《读通鉴论》。关于王夫之的这部著作，崔万秋和张煦侯先生都曾有所说明，但就我这里所关注的着眼点而言，似乎可以在他们的基础上再稍加补充。

这部书籍的形式，是按照《通鉴》纪事的次序，择取各个时期重要史事，列为专题，对历代制度和政事得失加以评论。其《叙论》分为四条，则犹如古书之后序，总述其论史原则，如"不言正统""不论大美大恶""不敢妄加褒贬""因时宜而论得失"等。王氏是明清之际大思想家，梁启超谓其所做评论多具特出之史识，清后期人郭嵩焘更纵观"史论"这一体裁著述的发展历史，称颂此书说："自唐刘知几著《史通》，辨史法得失，而史论兴。所论者，史法也。其间政治醇浇之分、人物贤奸之辨，史固备录之，读史者循而求得之，无俟著录。若东阳葛氏《涉史随笔》、崇安胡氏《读史管见》，或因古人之事傅以己意，或逞一己之辨，求胜前人，是非褒贬，多失其平。自明以来论说益繁，大率不外此二者。独船山王氏《通鉴论》《宋论》，通古今之变，尽事理之宜，其论事与人，务穷析其精微，而其言不过乎则。"①郭氏又云："国朝王船山先生《通鉴论》出，尽古今之变，达人事之宜，通德类情，易简以知险阻，指论明确，粹然一出于正，使后人无复可以置议。故尝以谓读船山《通鉴论》，历代史论可以废。"②

因《通鉴》以政治史为主线，王夫之的评论，同样是以历代兴衰治乱为核心内容。关心古代政治史的人，阅读《资治通鉴》，尤其应当取此书以并读。不过，在阅读此书时需要注意，《读通鉴论》中有一部分内容，偏重借古喻今，实际上可以看作是针对明代政治的议论；又因王夫之生值明清易代，颇重华夷之辨，同样也是为抒发"攘夷排满"的志向，有感而发。昔曾国藩教子，尝指示云："尔拟于《明史》看毕，重看《通鉴》，即可便看王船山之《读通鉴论》。"③不知曾氏此语，是否亦对此有感而发。

我在这里想向大家介绍的另一部遍及上下，论及整部《资

---

① 见岳麓书社版《郭嵩焘诗文集》之《文集》卷六《彭笙陔〈明史略论〉序》。
② 见岳麓书社版《郭嵩焘诗文集》之《文集》卷七《黎肇琨〈读史法戒论〉序》。
③《曾文正公家训》卷下。

治通鉴》的"史论""史评"性书籍,是南宋初年人胡寅(号致堂)撰著的《致堂读史管见》。这位胡寅的父亲,是给《春秋》作传,也就是撰著所谓"《春秋》胡传"的胡安国。

《致堂读史管见》是胡寅因抨击秦桧而遭谪居期间阅读《通鉴》的产物。清朝在纂修《四库全书》时,四库馆臣对此书颇多訾词,称其论人论事,都过分严苛,"大抵其论人也,人人责以孔、颜、思、孟;其论事也,事事绳以虞、夏、商、周,名为存天理、遏人欲、崇王道、贱霸功,而不近人情、不揆事势,卒至于窒碍而难行",而且胡寅的议论,往往是基于宋代时事及其个人际遇有为而发,"假借事端,自申己说",以致清初有一位名叫朱直的人,写了一部题作《史论初集》的书,专门批驳胡寅此书,"每诋寅为腐儒,为蒙蒙未视之狗,为双目如瞽、满腹皆痰,为但可去注《三字经》《百家姓》,不应作史论,为痴绝、呆绝、稚气、腐臭",等等。清末人张之洞在《书目答问》中尝谓史论最忌空谈苛论,《四库全书》仅列此书于史评类存目之中而未将其钞录于这部大丛书中,应是基于同样的判断标准。

四库馆臣对《致堂读史管见》的评价,固然有它的道理,在上面的论述中我们还可以看到,郭嵩焘也对胡氏此书颇有微词。但在另一方面,我们也要看到,评史论史,体现的只能是评论者的主观认识,而这样的认识,是很难像考证史事的有无正误一样求得客观的公正一致的。当时这些四库馆臣主流的学术倾向，强调的是实事求是的考据之学，对评史论史的主观性论断，是相当轻视，甚至不屑一顾的。在这样的学术背景下，四库馆臣对胡寅《致堂读史管见》的评价，实际上要比他们所贬斥的胡寅的议论更为偏颇。

就我个人有限的阅读经验而言，我认为胡寅此书虽有责人过苛之弊，但亦颇能洞察史事，提出诸多深入独到的分析，是可以为读《通鉴》、用《通鉴》的人提供很多重要参考的。不管是读古人书，还是读当代学人的著述，与所谓见解"偏颇"相比，我觉得浮泛平庸而不知所云，才是更加可怕，也更没有意思的。

同类著述，我想向大家推荐的，还有一部《通鉴札记》。

这部书的作者刘体仁，是清末举人，其父刘秉璋则为前清重臣，曾任四川总督。这种家庭背景，使体仁耳濡目染，谙习官场运作的奥妙，故所撰《通鉴札记》，较诸王夫之的《读通鉴论》，在很多问题上都能够更为契合政坛实际，略无书生意气。而且此书不独对史事有精到评论，还像清乾嘉时期赵翼撰著的《廿二史札记》一样，能够首先注意归纳相关历史事实，从而使其议论更显平实，颇有助于当今研治古史者认识古代政治中某些隐而不显的内情。

说到这里，不妨顺带讲述两句。赵翼撰著的《廿二史札记》，归纳历代正史中的重要史事，加以阐发说明，其中战国至五代这一部分，多可为阅读《通鉴》的人提供有益的参考。其性质，就我们在这里谈论的怎样读《通鉴》这一意义而言，可以说是介于《通鉴纪事本末》与《读通鉴论》之间,是我们全面、深入认识《通鉴》所载史事的一座平稳的"桥"。

下面再向大家介绍几种不是评议《通鉴》全书而只评议《通鉴》部分时段史事的书籍。

第一部书,是南宋末年人王应麟撰著的《通鉴答问》。书中涉及的史事,仅截止于西汉元帝时期。

《通鉴答问》以"设问"的形式,就《通鉴》所记述的一些重要史事提出问题,再做回答,也就是对这些问题加以评议。清官修《四库提要》讲述此书云:

> 此书乃《玉海》之末附刊十三种之一,始自周威烈王,终于汉元帝,盖未成之本也。书以《通鉴答问》为名,而多涉于朱子《纲目》,盖《纲目》本因《通鉴》而作,故应麟所论出入于二书之间。其所评骘惟汉高白帝子事以为二家偶失刊削(德勇案:二家指司马光《通鉴》与朱熹《通鉴纲目》),孔臧元朔三年免太常一条,疑误采《孔丛子》,其余则尊崇新例,似尹起莘之《发明》;刻核古人,似胡寅之《管见》。如汉高祖过鲁祀孔子,本无可贬,乃反讥汉无真儒;文帝除盗铸之令,本不可训,乃反称仁及天下。与应麟所著他书,殊不相类,其真赝盖不可知,或伯厚孙刻《玉海》时伪作此编以附其祖于道学欤?然别无显证,无由确验其非,姑取其大旨之不诡于正可矣。

今案四库馆臣上述评价，虽然也有随意敷衍、强凑己意的成分[①]，但大体尚堪称允当。其实不惟所谓"新例"，亦即朱熹《通鉴纲目》所定"义例"，即使是司马温公纪事的旧文，王应麟亦皆即文设问，而不愿对其事实准确与否，稍加置疑。至于四库馆臣怀疑此书有乃孙冒用祖名之嫌，更是无端的揣测，本不足为信。

第二部书，是南宋理宗时人钱时撰著的《两汉笔记》。顾名思义，此书评议的是两汉时期的史事。

钱时此书，宋代以后流传稀少，故至清代，已经罕能有人阅读。以致乾隆年间纂修《四库全书》时，馆臣对此书亦未能多加留意，只是草草敷衍，写成《提要》，讲述说：

> 此书皆评论汉史，……其例以两《汉书》旧文为纲，而各附论断于其下。前一、二卷颇染胡寅《读史管见》之习，如萧何收秦图籍，则责其不收六经；又何劝高帝勿攻项羽归汉中，则责其出于诈术；以曹参、文帝为陷溺于邪说，而归其过于张良；于陆贾《新语》则责其不知仁义。皆故为苛论，以自矜高识。三卷以后，乃渐近情理，持论

[①] 如谓"汉高祖过鲁祀孔子，本无可贬，乃反讥汉无真儒"，实际上王应麟并没有否定汉高祖刘邦奉祀孔子的行为，只是从汉代儒学与政治的总体关系出发，感慨"帝之所用，如叔孙通、陆贾之徒，陋儒俗学，不能以道致君，而尊崇前圣之美意，不得见于为治之实用"，说见《通鉴答问》卷三"过鲁祠孔子"条。

多得是非之平。其中如于张良谏封六国后，论封建必不可复，郡县不能不置；于董仲舒请限民名田，论井田必不可行；于文帝除肉刑亦不甚以为过，尤能涤讲学家胸无一物、高谈三代之窠臼。至其论董仲舒对策，以道之大原不在天而在心，则金溪（德勇案：指南宋理学家陆象山）学派之宗旨。论元帝以客礼待呼韩邪，论光武帝闭关谢西域，皆极称其能忍善让，则南渡和议之饰词，所谓有为言之者，置而不论可矣。

这条《提要》文字中最为关键的疏误，在于钱时撰著此书，本是针对《资治通鉴》之两《汉纪》部分而发，绝非"例以两《汉书》旧文为纲，而各附论断于其下"，此乃稍一检核比对《通鉴·汉纪》即可知晓，无奈四库馆臣由于重考据而轻议论，对此等著述，不愿稍予措意，只是望文生义，想当然地以为钱氏所做评述应是针对"两《汉书》旧文"而发，略不思及其书体例乃先严整依据编年先后，一一迻录具体史事，然后再附列作者的评议，而像这样严整的史事编年，要是没有花过像《通鉴》这样的细致功夫，岂能随手排列清楚？作者的撰著旨意，本来只是评述史事，何不直接摘录两《汉书》中相关纪传的记载？四库馆臣这些评断，实在颠顶过甚。

需要指出的是，钱时书中迻录的史事，个别地方，也做有自己的变通处理，并非百分之百地忠实转抄《通鉴》的文字。如其受南宋以后"正统观"的影响,在处理三国时期魏、蜀(汉)、吴三家的地位时,改变《通鉴》所谓"尊魏抑蜀"的做法,改书"蜀主"为"蜀帝",记刘备之死曰"崩",谓"帝崩于永安宫",并附列说明云:

> 《三国志·魏书》帝死书"崩",《蜀书》主死书"殂",故《资治通鉴》因之,魏曰帝,蜀曰主,而死则皆曰殂。昭烈、嗣武二祖,统系于汉,非曹氏篡贼之比。先儒标题,则固帝蜀而书"崩"矣,今特从之。

这条说明,也是钱时此书系针对《通鉴》而作最显著的证据。

至于此书对研治两汉史事的价值,看《四库提要》的论述,应当已经能够大致有所了解,即作者对两汉史事的评议,可以为我们今天认识相关问题,提供有益的借鉴,哪怕是《提要》指斥为"南渡和议之饰词,所谓有为言之者",同样也会对我们的认识有所帮助。贯穿古今,前后印证,才更容易把握历史的真相。

第三部书,是南宋前期人李焘撰著的《六朝通鉴博议》。这部书撰成于光宗绍熙年间,又题作《李侍郎经进六朝通鉴博议》。在这部书的卷首,列有《三国谱系图》《晋谱系图》《南朝谱系图》《北朝谱系图》《隋谱系图》《六朝建都之图》和《六朝攻守之图》诸辅助性图示,这也给阅读《通鉴》提供了很大便利。《四库提要》讲述此书著述宗旨云:

> 此书详载三国六朝胜负攻守之迹而系以论断。案焘本传载所著述，无此书之名，而有《南北攻守录》三十卷，其同异无可考见。核其义例，盖……专为南宋立言者，……得失兼陈，法戒具备，主于修人事以自强，……所论较为切实。史称焘尝奏孝宗，以即位二十余年，志在富强，而兵弱财匮，与教民七年可以即戎者异；又孝宗有功业不足之叹，焘复言功业见于变通，人事既修，天应乃至。盖其纳规进诲，惟拳拳以立国根本为先，而不侈陈恢复之计。是书之作，用意颇同。……焘之所见，固非主和者所及，亦非主战者所及也。

今案四库馆臣谓此书乃因南宋偏安于江南一隅，为此而议论三国六朝攻守之事，以为鉴戒，所说自符合李焘本意。盖李氏在是书卷一开篇的《序论》中本已清楚讲述说：

> 臣因思江左之地，自吴至陈，各据形势为自固之术，然三百年间，或谋虑失当，或机会失时，或事宜失断，……此其所以终不能混一区夏。臣旁采衮类而为之说，非谓专取其长，盖欲详言其失，监彼之失，而求吾之所以得，或庶几焉。……取其失者而监之，则于谋谟为有补矣。臣是以集其事实，起自东汉建安五年，至陈祥明二年。遇有所见，则表而出之，各为之说，名曰"六朝制敌得失《通鉴》博议"，合为百篇，离为十卷。

其书当时不仅进呈于朝，亦当适应科举考试策论的需要，广为刊布。

就在李焘撰著此书之前不久，在孝宗淳熙十二年十月，我们看到出现了以下的情况：

> 太学博士倪思言："窃见近日学校科举之弊，患在士子视史学为轻。夫所谓史者，岂独汉唐而已哉？而今之论史，独有取于汉唐。至若三国、六朝、五代，则以为非盛世事，鄙之而耻谈。〔夫三国、六朝、五代则亦固非盛世，〕然其进取之得失，守御之当否，筹策之疏密，计虑之工拙，与夫兵民区处之方，形势成败之迹，前事之失，后事之戒，不为无补，皆学者所宜讲究者也。〔西晋清谈之祸，王安石新法之弊，其失皆于士大夫持论好高，崇经而略史，〕近者有司稍知其弊，命题之际，颇出史传，然犹有所拘忌。而又场屋考校，专以经义诗赋定得失，而以论策为缓。〔夫士子之趋向，视考官之去取，则其以史学为轻，毋足怪者。臣愚望陛下，申敕考官，〕课试命题，杂出诸史，无所拘忌，而于去取之际，稍以论策为重，庶几士子博古通今，皆为有用之学，〔其益非浅，□□进止〕。"十月二日，三省同奉圣旨，依奏。①

---

① 案上述引文，系兼用《宋会要辑稿》之《选举》五《贡举杂录》引文与《中华再造善本》丛书影印宋刻本《六朝通鉴博议》卷首之《乞尚史学札子》两处文字合并而成，方括号内，是依据《乞尚史学札子》补入的内容。

李焘撰著此书，紧继倪思奏上此札之后没有几年，二者之间，应当有所联系。宋代书坊积极刊刻此书，就可以证明其应从科考的市场需求，而李焘论述三国、六朝胜负攻守，仅据《通鉴》立论，并不涉及三国两晋南北朝诸纪传正史，也正是此前科举试士所涉及的史学内容多偏重汉唐而尚不能"杂出诸史"所致，其采用《通鉴》作为论述的依据，不过是在这一背景之下的一种折中方案而已。

李焘即效法司马光《资治通鉴》撰著《续资治通鉴长编》的史学名家，颇具史才、史识，故尽管其撰著过程中存在上述这些因缘，今天我们在阅读《通鉴》魏晋六朝时期的记述时，适当参考李焘的评议，对合理认识相关史事，还是会有很大助益。

在这方面，我想介绍的最后一部书籍，是协助司马光撰著《通鉴》的范祖禹所写的《唐鉴》。

范祖禹《进书表》称其撰著此书，乃基于"今所宜监，莫近于唐"，即以之直接服务于宋朝的政治。清四库馆臣在《四库提要》中讲述此书云：

> 初，治平中司马光奉诏修《通鉴》，祖禹为编修官，分掌唐史，以其所自得者著成此书。上自高祖，下迄昭宣，撮取大纲，系以论断，为卷十二，元祐初表上于朝。……后〔吕〕祖谦为作注，乃分为二十四卷。……张端义《贵

耳集》亦记高宗与讲官言："读《资治通鉴》，知司马光有宰相度量；读《唐鉴》，知范祖禹有台谏手段。"

此书虽然并不是完全针对《通鉴》本文而发，但作者系因协助司马光编纂《通鉴·唐纪》部分而撰为此书，故所做评论，自与《通鉴》相关纪事具有密切联系，同样足以与《通鉴·唐纪》相参证。

看了上面这些内容，很多拿《通鉴》当一般读物阅读的读者，可能会感到很大压力。因为我开列了太多的书，这些人一定会觉得看不过来，甚至会怀疑自己相关知识的程度，是不是足以读懂像《通鉴》这样的书籍。

其实普通的非专业读者千万不必对自己本身的文史基础感到疑虑，即使是专业的中国古代史研究专家，这个世界上也不会有几个人能够一一通读上述各种著述，一辈子根本没有看过一眼，甚至闻所未闻的也大有人在。这里的问题，是怎样来读这些书。

首先读与不读，完全随兴随意；其次是读哪些书不读哪些书，同样随兴随意；再其次是读多读少，也是随兴随意。总而言之一句话，一切都是随兴随意，乘兴而读，兴尽而罢。想到哪儿，就读到哪儿。想参考时，就随意翻看一下而已。读书是一件超级享受的事儿，也只有尽量随兴随意地读书，才能获取更大的享受。若是能够体味到这一点，我想大多数人就会相信，我上面讲的这些内容，是有一定道理的。

三、怎样合理评价《通鉴》的学术质量

我在这里想要补充说明的第三个问题,是怎样分析和评价《资治通鉴》一书的学术质量?换一个说法,这实际上是读者在阅读这部史学名著之前怎样确切地知悉其某些瑕疵的问题。前面提到的崔万秋、张煦侯和柴德赓诸位先生,对这部书的介绍,都是重在突出它的成就、贡献和优点。相对而言,对《通鉴》一书的缺陷,我不知道他们是在有意地淡化或者回避,还是认识有所不足,反正讲得很不够,而这对阅读导读书籍的读者,显然是不尽适宜的。

一般来说,古人和我们现在的人一样,都是人。是人,就会有缺点和优点,而且优点突出往往就意味着缺点也很明显,至少在世俗众生的眼中是这样。同理,古代的学者和他们写出的著述,也同现代的学者与著述一样,优点和缺陷并存,长处与短处同在。像司马光这样"写"历史("写"历史与"研究"历史,二者之间是有很大不同的),这一情况,会更为突出地彰显出来。不是司马光的能力有所不足,谁来做,都逃不掉的。

在这一方面,我想先谈一下司马光撰著此书时对待客观史实的态度。上一节我向读者推荐的那些"史论""史评"性的著述,讲的都是后人怎样理解和评价史事的问题,而人们的理解和评价是一种主观的判断,难免因人而异,随时而变,永远

不会有一个普世公认的答案。可是历史事实本身却是完全不同的另一码事儿。价值的判断，永远会争论不休，但事实就是事实，历史的事实就是所谓史实，你不能对确切的史实进行争辩，它就是以那个样子发生了，存在了。忠实地记述客观存在的历史，是一部史学著述学术质量的根本所在，因而也是我们在评判一部史学著述时最主要的着眼点。

关于这一点，崔万秋、张煦侯和柴德赓这几位先生，对司马光史笔之信实，是交口称誉的；尤其前文已经谈到，在撰著《通鉴》的过程中，司马光还同时著有一部《通鉴考异》，一一说明他对那些歧异史料的考辨抉择。这一前所未有的做法，更加凸显司马光下笔确是每一句话都有根有据，一丝不苟的。

司马光一生行事端谨，确实是个老实得不得了的老实人。老实人做事不滑头，有一说一，有二说二，著书立说，同样如此。但在另一方面，司马光也是个大政治家，想的、做的都是治国平天下的大事儿，和升斗小民的境界是有很大差别的。政治的现实太复杂，历史更纠结。司马光的政治目标很大，政治理想也很高，他写《资治通鉴》，就是为了借助历史来体现并进而实现自己的政治理想。然而真实的状况，往往并不是他憧憬的那个样子。于是，对那些他不喜欢的事儿写不写，或怎样写，就成了一个哈姆雷特式的难题。

一个人的政治理想，往往不会是一天生成的，为实现理想所努力的方向，常常也是日渐成长一以贯之的。

在撰著《资治通鉴》之前，司马光写过一篇题作《史剡》的文章，而所谓"史剡"，实际上就是"削除史实"的意思。"剡"是"削"的意思，在这里实际上相当于"删"字的另一种写法。司马光在《史剡》的前序中阐释其撰著宗旨说："愚观前世之史，有存之不如其亡者，故作《史剡》。"①用现在谁都听得懂的大白话讲，就是说，那个事儿在历史上虽然确实有，但我司马氏不喜欢，留在史书上看着不舒服，所以就该把它删了。

于是，司马光就在《史剡》中举述了十件这样的事儿，用以具体说明他的史学观念。下面就让我们来看看，他想要"避而不见"的到底都是些什么事情。

例如，萧何在西汉建国之初为刘邦兴建未央宫，因当时天下久经战乱，百姓创伤未愈，刘邦见其过于"阔壮"，不禁发怒，但萧何却说正可乘此时机胡搞乱干，而且不这么干，就不能显示四海天子的威风，这事儿让品行端正的司马光感到很是不快，于是就想把它"剡"去，硬要说"是必非萧何之言"。可这是《史记》《汉书》清清楚楚记载，板上钉钉儿的事儿，不管司马光想知道还是不想知道，它都在那儿，你想"视而不见"怎么能行？

又如夏禹"禅让"帝位给益而天下去益归启，于是大禹的儿子启就顺应民心继承帝位，古史传说普遍如此。近代以来，

---

① 《温国文正司马公文集》卷七四。

学者们借鉴西方社会科学理论,以为这是一个开启父子传承"家天下"新时代的"划时代"事件,同样没有看出有什么不合理的地方。可是,司马光却以为大谬不然,述之曰:

> 父之位传归于子,自生民以来如是矣。尧以朱不肖,故授舜;舜以均不肖,故授禹。禹子启,果贤足以任天下,而禹授益,使天下自择启而归焉,是饰伪也;益知启之贤得天下心,已不足以间,而受天下于禹,是窃位也;禹以天下授益,启以违父之命而为天子,是不孝也。恶有饰伪、窃任(位)、不孝而谓之圣贤哉!此为传者之过明矣。

不了解上古史的读者,这段话看起来可能有些绕,不大好理解,用我粗鄙的语言来翻译,就是爹的天下就该着儿子来继承,"帝一代"就该传位给"帝二代",以至"帝三代""帝四代"直至"帝万代",就像秦始皇设计的那个"规矩"一个样,天底下怎么会有人做出传位于两姓旁人的糊涂事?何况大禹还是个堂堂皇皇的圣贤呢!像我们大宋,天下当然世世代代都只能是赵家人的,要是有人鼓噪学夏禹搞禅让,那成什么体统,岂不颠覆了赵家的江山?这样的史事,当然更该"剡"去不存了。

逮司马光撰著《资治通鉴》,对待史事史实的态度,依然如此。他没有像欧阳修那样,把自己的抑扬褒贬寄寓于《春秋》式的笔法当中,而是秉持当年他撰写《史剡》的态度,通过史事的取舍,来体现自己的政治追求,这也就是孔夫子所说的"我欲载之空言,不如见之于行事之深切著明也"。

然而史事是客观存在的,其重要性大小,也是有一个大致的客观标准的。司马光个人喜欢什么,就把它写进了《通鉴》;不喜欢,就尽量少写、不写。这样就会妨碍读者全面地了解真实的历史。对此,南宋改编《通鉴》为《资治通鉴纲目》的朱熹,就特地写道:"温公修书,凡与己意不合者,即节去之,不知他人之意不如此。《通鉴》此类多矣。"并且具体指出《通鉴》书中比较明显的一种去取倾向,即"温公不喜权谋,至修书时颇删之"。朱熹不禁对此感叹云:"奈当时有此事何?只得与他存在。若每处删去数行,只读着都无血脉意思,何如存之,却别做论说以断之。"朱子复谓此等"温公好恶所在",皆"著其事而立论以明之可也,岂可以有无其事为褒贬"[①]?

像这样过分强烈地以个人的好恶对客观存在的史事做取舍,还只是《通鉴》失误的一个方面,其在载述史事上所出现的更为严重的失误,是为了体现自己的政治期望而写入了一些本来并不存在,甚至很可能与历史事实相悖戾的史事。

在这一方面,在当代历史学界影响最大的,是司马光为了写出符合其自身期望的汉武帝晚年政治形象,不惜采录南朝刘宋时人王俭撰写的神仙家小说《汉武故事》等,从而做出了与

[①] 黎靖德编《朱子语类》卷一三四《历代》一。

历史实际完全相反的记述①。对此，我在《制造汉武帝》一书中已经做了很详细的考述，感兴趣的读者可以参看，在这里就不再一一述说了。

这样的事例，在整部《资治通鉴》中虽然并不很多，但对读者准确地认识历史事实，却影响甚大，应当引起人们的高度关注。

与此相关的另一项重要问题，是人们在论及相关史事时，怎样合理地对待《资治通鉴》的记载？这一点对从事相关研究的专业史学工作者尤为重要。

严谨地说，这个问题，可以分作两个层次。第一个层次，是专业研究者如何对待《通鉴》的史料价值，是哪些该引作史料、哪些不该用作史料的问题；第二个层次，是非专业人士在对历史做一般性叙述的时候，《通鉴》的记载具有多大可靠性的问题。这两个问题，又相互交织，不易完全区分清楚。

关于上面所说的第一个层次，崔万秋、张煦侯和柴德赓诸位先生都没有明确谈，就我个人的看法而言，一般来说，我认为秦和西汉以前的纪事，绝对不能用作史料，不能引用，因为《通鉴》这些部分并没有采录什么我们今天看不到的可信史料；东汉以下，纪事的年代越晚，《通鉴》的史料价值越高，但唐代以前的纪事，还是应该更重视正史的记载，唐、五代部分，《通鉴》的记载则大致可以与正史等基本史籍的记载并重。不

---

① 司马光甚至还按照原样迻录过比《汉武故事》更缺乏史料价值的情色小说《赵飞燕外传》中的文句，可以说已经到了匪夷所思的程度。

过前文所说司马光在原始材料取舍上的缺陷，在哪一部分，都应当予以充分注意。

这个问题的第二个层次，柴德赓先生曾有专门的说明，乃谓"不管是古代，还是后代，引用《通鉴》一千三百六十二年里的材料，一般说来都是正确的"。这个说法，我是很不赞成的。如前文所说，司马光曾经采录过一部分根本不宜采信的材料，结果就不可避免地导致《通鉴》的纪事出现很严重的舛谬。所以，我只能说，在不具备相应的能力查阅其他史籍的情况下，对付着依据《通鉴》来叙述史事，是可以理解的，但却不是十分妥当的。不过这个问题太过复杂，实际上几乎所有的史书，都会不同程度地存在一些不可靠的内容，并不仅仅是《通鉴》这一部书的问题，一般读者不要太过迷信《通鉴》的大名就是了。

最后，我想在这里再谈谈司马光在《通鉴》中对文字形式的处理问题。

《资治通鉴》的纂述，不仅史料来源早晚不一，性质各异，情况十分复杂，而且在撰著过程中，还有好几位助手，协助司马光做初步的长编性工作，但书中通篇上下的全部文字都由司马光躬自笔削定稿。因此，不仅全书义例较为严整，即其文字亦宛如出自一人之手。清人钱大昕称"昔人所言事增于前、文省于旧，惟《通鉴》可以当之"[1]，对司马光驾驭处理文字的能力，

---

[1]《潜研堂文集》卷二八《跋柯维骐宋史新编》。

给予了很高的评价。在史事裁剪编排得当的同时，司马光的文笔，还相当优美生动，使这部史学巨著居然同时也有很大的可读性和艺术性。在美国执教的唐德刚教授写过一篇《〈通鉴〉与我》的文章，说他在家乡安徽读初中时，暑假里看《通鉴》，竟觉得"历史比小说更有趣"[1]，足见司马光文笔的功力。这自然不是当今所谓主编、总编不干实事徒挂空名者所能并比的，也可以说是《通鉴》在史学以外的又一大收获。

从另一角度来看，《通鉴》的文字，既然如同出自司马光一人之手，这也就意味着《通鉴》的文句与其所从出的原始著述已经有很大差异。

关于像《资治通鉴》这样的史书应当如何处理文字这一问题，昔陈垣先生论史书著述体例时，有过一段很明晰的论述，谓之曰：

> 凡引书声明引自古人者，可略而不可改，裴松之之《三国注》是也。未声明引古人而用其语者，可隐括成一家言，范蔚宗之《后汉书》是也。温公之《通鉴》，盖范《书》之类，亦即班《书》用《史记》之类。[2]

明此可知，《通鉴》纪事在遣词用语上于前此诸史有所出入，

---

[1] 此文收入唐著《史学与文学》。
[2] 陈垣《通鉴胡注表微》之《书法篇》第二。

是十分正常而且非常合理的事情。

不过，在隐括旧说以成一家之言的时候，《通鉴》也有一些不甚妥当，甚至失实谬误的地方。例如，金人王若虚就谈到过下面这样一个例证：

> （《旧唐书》卷八九《狄仁杰传》载）武后问狄仁杰曰："朕要一好汉任使，有乎？"仁杰乃荐张柬之。《通鉴》改"好汉"为"佳士"，《新史》（德勇案：指《新唐书》）复作"奇士"。"好汉"字诚为涉俗，然"佳士"不足以当之，矧曰"奇"乎？宁存本语可也。①

这"朕要一好汉任使"的"好汉"，引述的是武则天的原话，就是属于绝对不能改写而被司马光改写了的词语。

又周一良先生《读书杂识》一文②，在讲述研治魏晋南北朝史事与"音声训诂"之学的关系时，也举述过一个很有代表性的例证。周一良先生乃谓治《史》《汉》《三国》者必通音声训诂之学，而六朝诸史中亦多后世不经见之习语，常待排比推敲，始得其义。李延寿《南》《北史》虽采自宋魏诸书，已每以当时常用者转译六代习语，然因此等习语唐人犹颇有袭用之者，

---

① 王若虚《滹南遗老集》卷二三《〈新唐书〉辨》中。
② 见周氏《魏晋南北朝史论集》。

或免遭窜易,逮温公修《通鉴》,兼采南北朝八书二史,于唐人习语而宋时已不甚了然者,复又易以当代之语。如《北史》卷三一《高昂传》载:

> (刘)贵与(高)昂坐,外白河役夫多溺死。贵曰:"头钱价汉随之死!"昂怒,拔刀斫贵。

周一良先生云此"头钱价"三字颇费解,检《通鉴》卷一五七梁大同三年记载此事遂作:

> 贵曰:"一钱汉随之死!"

而陆游《老学庵笔记》卷一〇考述此语云:

> 唐小说载李纾侍郎骂负贩者云"头钱价奴兵"。"头钱"犹言"一钱"也。故都俗云"千钱精神头钱卖",亦此意云。

从而可知"头钱价"一语"系唐人所常用,北宋俗语尚存其义,然已不甚普遍,故温公以'一钱'二字易之"。

这种词语更换,虽然便于读者理解,却完全改变了历史的本来面目。尽管像这样的做法,自古已然,司马迁《史记》当中就存在很多类似的情况。但史学著作的撰著体例,本应后出转精，在众口一词都大力称颂司马温公著史的优美文笔时，我想指出这一缺陷，让人们了解这一情况，对大家更好地欣赏和利用《资治通鉴》，应当是会有所助益的。

另外，从更深一层意义上讲，由此事例可见，若要深入研治相关史事，或是普通非专业读者特别关注某些事项，在阅读过《资治通鉴》之后，最好还是要再去阅读与之对应的正史等更为原始的史料，不宜过分倚重《通鉴》。明人娄坚等尝谓读史"至秦汉而下讫于五代之季"，"必先求之正史而参以司马氏之《资治通鉴》，错综其说而折衷之"①，至少对于包括《旧唐书》和《旧五代史》在内的秦汉以来历代正史来说，这应该说是一种比较合理的途径。清人纂修《四库全书》时，四库馆臣曾批评元人张存中所著《四书通证》，"于历代史事每多置正史而引《通鉴》，亦非根本之学"②，这话讲得或许有些过于绝对，但至少对唐代以前的纪事来说，可以说是非常清楚地讲明了《通鉴》与历朝正史之间的史料关系问题。

每一部书，就像我们每一个在尘世间生活的人都不可能成为完美无瑕的圣人一样，有它的长处，也就必有它的短处。我在上面指出《资治通鉴》一书存在着一些张煦侯等前辈学者没有谈及但却很值得我们注意，或者说是在全面评价这部著作时理应有

---

① 娄坚《学古绪言》卷一《读史商语序》。
②《四库全书总目》卷三六。

所了解的缺陷和弊病,是为了帮助初读此书的读者更好地理解和利用这部非常优秀的史学名著,以从中获取更多,也更切实的收益,而不是要刻意与人立异,贬损《资治通鉴》这部名著和司马光这个大名人。另外,我的这些说法,只是拾遗补阙性的说明,既没有想对《资治通鉴》一书做出全面的评议,也不一定正确,仅供大家在阅读张煦侯先生这部《通鉴学》和其他相关著述的时候,在大家阅读《资治通鉴》的时候,用作很一般的参考。

在结束本文的时候,我要郑重向司马温公致以崇高的敬意,不管是对他这个人的政治追求,还是学术贡献,都是这样。同时也愿与所有读者一道,读好这部史学名著,用好这部史学名著。

图书在版编目（CIP）数据

通鉴学 / 张煦侯著 . —北京：北京联合出版公司，2019.6
ISBN 978-7-5596-2793-3

Ⅰ.①通… Ⅱ.①张… Ⅲ.①中国历史—古代史—编年体 Ⅳ.① K204.3

中国版本图书馆 CIP 数据核字（2018）第 263494 号

通鉴学

作　　者：张煦侯
出版监制：刘　凯　马春华
选题策划：联合低音
责任编辑：马　旭
封面设计：李　响
内文排版：林海排版

北京联合出版公司出版
（北京市西城区德外大街83号楼9层　100088）
北京联合天畅文化传播公司发行
唐山富达印务有限公司印刷　新华书店经销
字数178千字　889毫米×1194毫米　1/32　9.5印张
2019年6月第1版　2019年6月第1次印刷
ISBN 978-7-5596-2793-3
定价：68.00元

版权所有，侵权必究
未经许可，不得以任何方式复制或抄袭本书部分或全部内容
本书若有质量问题，请与本公司图书销售中心联系调换。电话：（010）64243832